Biljana Popovic

Cube
Wanderer des Sandkorns

Biljana Popovic

Cube

Wanderer des Sandkorns

Rediroma-Verlag

Bibliografische Information der Deutschen Nationalbibliothek:
Die Deutsche Nationalbibliothek verzeichnet diese Publikation in der Deutschen Nationalbibliografie; detaillierte bibliografische Daten sind im Internet über http://portal.dnb.de abrufbar.

ISBN 978-3-98885-361-5

www.rediroma-verlag.de
8,95 Euro (D)

Wanderer des Sandkorns
Eine Odyssee jenseits der Reise und seine unglaubliche Geschichte

Für meinen Schutzengel

Inhalt

Wenn wir die alten Familienfotos anschauen, was bewegt uns dazu, noch tiefer in die Zukunft zu schauen? Oder lieber in die Vergangenheit? Die beiden Richtungen sind nur ein Hauch von Energie, die nie aufhören wird, zu existieren. Eine wahre Geschichte, eingewebt in ein aus Sternen galaktisches Teppichmuster. Und zwar in jedem von uns. Heute werde ich euch meine zeigen. Ich werde euch erzählen von diesem Universum und noch viel mehr darüber hinaus. Mein Name ist Ethan. Ich bin 48 Jahre alt, und bevor ich noch etwas über mich sage, erzähle ich euch lieber meine unglaubliche Geschichte.

1. BEFÖRDERUNG

Es ist schon wieder da. Dieses Gefühl. Als hätte mich jemand sanft an der Stirn berührt. Es fühlt sich an wie ein warmer Kuss. Mindestens einmal am Tag geschieht so etwas. Immer wenn ich an meinem Arbeitsplatz sitze und auf den Bildschirm schaue, in meinem engen Kontrollraum. Heute noch sehr müde, reibe ich mir die Augen. Die gestrige Feier ist für mich sehr anstrengend gewesen. Alle haben mir zu meiner Beförderung gratuliert. Ich bin heute ein neues Mitglied eines Geheimbunds, ähnlich wie ein Agent oder so. Ich verstehe selbst nicht viel über meine Aufgaben. Ich bin kein Astronom oder Wissenschaftler. Ich muss Leute überwachen. Jeden Tag schaue ich mir das Leben von anderen Menschen an und analysiere sie. Dieser Beruf ist ähnlich wie der eines Fluglotsen. Ich muss dafür sorgen, dass Menschen sicher durch ihr eigenes Leben fliegen können, und manchmal muss ich eine Notlandung für sie organisieren, so wie es heute der Fall ist.

Ich habe das Leben einer Frau übernommen. Ihr Name ist Aurora Nigaard. Ich spule immer wieder ihr Fernsehinterview zurück. Und es gibt etwas, was ich nicht verstehen kann. Ich zeige euch gerne, was sie von sich erzählt hat. Das Gespräch ist zwei Tage alt. Sie sitzt an einem Tisch in einer Pressekonferenz. Hinten sind Bilder auf einer Leinwand mit überzähligen Sponsoren. Im Raum befinden sich zahlreiche Fotografen und Journalisten, die ungeduldig darauf warten, ihr eine Frage zu stellen. Ihr blondes Haar ist in einem Dutt gebunden, ihre braunen Augen funkeln in sandweißem Glitzer und ihre knallroten Lippen lächeln viel zu oft. Sie ist eine sehr hübsche Frau, beinahe zu perfekt. Keine gute Voraussetzung für Bescheidenheit, denn Bescheidenheit ist das Allerwichtigste im Leben. Das haben wir in unserer Akademie gelernt. Und ich war eine der Besten meiner Generation.

Mein Blick wandert über ihre Uniform. Eine weiße Jacke mit einem norwegischen Gobelin angenäht, und das Logo prangt in all seinem prachtvollen Glanz. Ich empfinde etwas, was mich erschreckt. Mit einem übermäßigen Selbstbewusstsein gibt sie ihr Statement: „Wir alle haben gute und schlechte Tage. So ist es auch bei mir. Aber es gibt etwas, das wir nicht kontrollieren können. Das sind die Termine, die wir wahrnehmen müssen. Manchmal schaffe ich es, alle meine Elemente fehlerfrei zu machen, manchmal falle ich sogar hin. Dann stehe ich auf, und die Kür läuft mit der Musik weiter. Wir müssen an bestimmten Tagen unsere Wettbewerbe meistern, dazu gehören Shows, Dreharbeiten für Filme oder Werbung.“ – Pause. „Und die Teilnahme an den Olympischen Spielen.“

Ein Blitzgewitter nach dem anderen trifft ihren stolzen Gesichtsausdruck. Kerzengerade sitzend ergänzt sie: „Mein einziger wahrer Traum."

Ich balle meine Finger zu einer Faust und beiße mir auf die Lippen. Ein unerträglicher Herzschmerz bohrt sich bis in meine Lungen. Das darf nicht passieren!, schwöre ich mir. Ich könnte nichts mehr für sie tun, als nur abzuwarten, bevor ich eine Notlandung organisiere. Aber dank meiner Beförderung kann ich jetzt noch viel mehr tun als bisher. Ich kann die Geschichte jetzt neu schreiben, ein neues Programm hinzufügen und alles noch einmal neu beginnen zu lassen.

2. DAS TAGEBUCH

„Eine Träne läuft ihm über seine Lippen, während er vor seinem Bildschirm saß und mich von oben musterte. Das war der Moment, in dem ich das Gefühl hatte, dass irgendetwas in meinem großen Moment etwas passierte. Nicht alles auf einmal, sondern langsam. Stück für Stück wurde etwas aus mir herausgerissen. Er nahm mir alles, was ich hatte. Er raubte mir meinen Traum. In der Dunkelheit meines Schattendaseins existieren zu müssen, kurz vor meiner Geburt habe ich ihm mein Einverständnis gegeben. Ich wollte es nicht, aber es war der einzige richtige Weg für mich. Denn ich wollte ein Teil der Menschheit sein, der ich gerne angehören möchte.

Deine Aurora“

Ich legte das Tagebuch beiseite auf meinen Arbeitstisch. 16 Jahre waren vergangen, seit ich Aurora ein neues Leben gegeben hatte. Ich schaltete meinen Bildschirm an. Meine Schicht begann gerade. Ob ich damals das Richtige getan hatte, würde sich noch zeigen. Sie befand sich im Jahr 2010 und war jetzt 16 Jahre alt. Geboren in einer Arbeiterfamilie, weit entfernt von ihrer wahren Heimat. Ich gab ihr eine Familie, Freunde und eine einfache Ausbildung zur Rettungsschwimmerin. Es scheint, als hätte sie Eis gegen Wasser getauscht. Sie wurde in einem kleinen Dorf in Bulgarien geboren, wo sie ihre Talente nicht rechtzeitig entdecken konnte. Denn ich war autorisiert, sie ihr Leben lang zu begleiten, und manchmal ließ ich meine Schützlinge ihr Leben noch einmal durchleben. Nur wenn es sein musste oder notwendig war.

Ich hörte Schritte von draußen und warf schnell einen Blick auf einen der ausgeschalteten Bildschirme. Auf dem Kopf trug ich einen Kopfhörer mit einem Mikrofon. Auf diese Weise war ich mit meinen Kollegen ununterbrochen verbunden. Meine Augen waren hellblau, meine blonden Haare hatten einen kurzen klassischen Schnitt. Und dank meiner betonenden Stimme bekam ich schnell, was ich wollte. Mein Gesicht war schmaler geworden. Meine Arbeit ging mir unter die Haut, deswegen vergaß ich manchmal, zu essen. Meine Wangen wurden immer dünner, aber das bereitete mir keine Sorgen.

Die Tür ging auf, und mein Kumpel kam gut gelaunt in mein Zimmer.

„Hey, was gibt's, mein Freund?“, fragte er. Und ungeschickt wie immer knallte er die Tür hinter sich, was mich gleich zum Zittern brachte.

„Ist das ein Tagebuch?“, fragte er mich entsetzt.

„Ja, sieht danach aus“, gab ich zurück.

„Aber das ist verboten. Ich meine, fremde Tagebücher zu lesen, ist verboten.“

„Ich weiß, aber das, was unsere Aurora schreibt, hat sie mir gewidmet. Deswegen habe ich die Geschichte gelesen. Nur diese eine Seite.“

„Wie ist das möglich?“ Er setzte sich neben mich und blickte auf den Bildschirm, auf dem die Liveübertragung im vollen Gange war. Darin war zu sehen, wie das Mädchen mit einem Schlauch Wasser über den verschneiten eisigen Boden im Garten goss. Mit einem vergnügten Lächeln freute sie sich offensichtlich darüber und hatte großen Spaß daran, zu beobachten, wie sich das Wasser auf dem weißen Boden verteilte.

„Was macht sie da?“, fragte er.

„Das macht sie oft, wenn es sehr kalt ist. Hoffentlich bekommt sie nicht wieder Ärger, wenn die Eltern nach Hause kommen und sehen, dass es eine Eisfläche im Garten gibt.

„Aber sie hat keine Schlittschuhe, mein Freund.“

„Für sie ist es egal, ob sie mit oder ohne Schlittschuhe üben darf. Sie hat Omas Hausschuhe mit glatten, aus Holz gemachten Sohlen und drei Zentimeter breiten hohen Absätzen genommen. Ich weiß nicht, wie diese Elemente in ihrer Erinnerung geblieben sind, aber inzwischen macht sie einbeinige Pirouetten mit Drehung, Fechter, Flieger, und jetzt überlegt sie, wie sie springen kann.“

Besorgt schüttelte Gabriel den Kopf. „Respekt! Wie schade, dass sie niemals …“

Ihre Blicke begegneten sich.

„Und was ist mit deinem Schützling, Gabriel?“, fragte ich.

Verschämt blickte er zum Boden.

„Ich weiß, du musst mir nichts sagen. Er geht fremd und malträtiert seine Familie immer noch. Du musst etwas tun, so kann es nicht weitergehen“, sagte ich ihm vorwurfsvoll.

„Ich habe bereits alles getan, was in meiner Macht steht, aber er wird sich nicht verbessern.“

„Er muss einen Preis bezahlen“, sagte ich fest entschlossen.

„Aber ich bin nicht autorisiert wie du. Weißt du?“, er drehte sich auf seinem Stuhl. Verträumt schaute er auf die Decke.

„Gib ihm eine Inspiration“, meinte ich und blickte auf den Bildschirm. Mein Herz wurde weicher, als ich sah, wie sie einen langen Fechter elegant im Garten meisterte. Bei uns waren fünf Minuten vergangen, aber da draußen waren es mehrere Stunden. Das Eis war inzwischen sehr dick geworden. Nach einem Einlauf drehte sie sich sogar viermal im Kreis. Ein Junge kam in ihre Nähe und klatschte fröhlich in die Hände, als sie eine Schlusspose in Rückbeuge machte. Ihr Blick war zum Himmel gerichtet, die langen Finger über den Kopf gekreuzt. Als sie sich aufrichtete, bemerkte sie den Zuschauer, und ihre Wangen wurden noch röter als zuvor. Der Junge war in dem gleichen Alter wie sie. Er trug eine braune Jacke, Jeanshose und eine schwarze Mütze, die fast seine Augen bedeckte. Ich bewegte die Maus, um ihn besser sehen zu können. Gabriel sagte etwas, aber außer meinem Herzschlag hörte ich nichts mehr. Das, was ich sah, raubte mir den Atem, fast bis zur Ohnmacht. In der ganzen Ewigkeit durch viele kosmische Ereignisse und Begegnungen hatte ich so etwas noch nie erlebt. Gabriel beugte sich an den Bildschirm und musterte sein Porträt aufmerksam.

„Schau, dieser Junge sieht aus wie du. Unglaublich!“

Aber ich atmete nicht mehr. Ich fühlte bereits, wie das ganze Blut aus meinem Gesicht wich.

„Das bin ich auch“, sagte ich trocken. „So etwas kann man nicht übersehen“.

„Mein Junge, mein Junge“, schüttelte er mit dem Kopf. „Das passiert, wenn man so eine Beförderung bekommt.“ Seine Ironie in der Stimme war nicht zu überhören. Er setzte sich neben mich und schielte in meine Richtung. Ich konnte ahnen, wie er sich gerade über mich amüsierte. „Nein, das ist es nicht. Es ist noch schlimmer.“

Nachdem ich das gesagt habe, wurde er augenblicklich ernst. „Wie bitte? Sag schon, mein Kumpel, was ist passiert? Ein Paradoxon?“

Es entstand eine Pause.

„Nun, es hat nichts mit meiner Autorisierung zu tun“, sagte ich, während ich meine Augen schloss und innerlich betete. „Das ist ein Beweis, dass ich noch am Leben bin“, fuhr ich fort, während ich innerlich zusammenbrach. Stille breitete sich in jeder Ecke dieses Raums aus. In Lichtgeschwindigkeit bereitete ich Plan B vor. Er und ich waren jeder in unseren Gedanken verloren und warteten darauf, dass ein Hauch von Erkenntnis zu uns kommen würde. Aber nichts geschah, außer noch mehr Stille.

3. OLYMPISCHE SPIELE

Heute ist dieser eine Tag, an dem ich zusehen muss, dass nichts zufällig geschieht. Wenn die Menschheit mehr Erkenntnis gesammelt hätte, würde sie weniger kämpfen müssen. Nun sollten sie mehr nach vorne schauen, in eine Zukunft, die vielleicht auch nicht besser ist als die Gegenwart. Aber wer entscheidet darüber, was besser ist? Diese Frage ist bedeutungslos. Es geht um die Erfahrung, Motivation, das Experimentieren – Leben! Genau das macht uns alle zu Menschen.

Auf meinem Bildschirm ist Aurora zu sehen. Es ist ein Video vom 20. Februar 1994 bei den Olympischen Winterspielen in Lillehammer in der norwegischen Gemeinde Hammar, wo die Eiskunstlaufmeisterschaften stattgefunden haben. Ich schaue mir immer wieder in Zeitlupe langsame Aufnahme an, alles hochkomplexe Highlight-Elemente, die Aurora mit Leichtigkeit meistert. Von insgesamt 67 weiblichen Athletinnen hat sie die meisten Punkte bekommen. Ihr Flieger gleitet drei Sekunden lang, ich kann ihre Energie fühlen, als ich ihr Gesicht hautnah ranzoome. Es ist eine Mischung aus Himmel und Erde, ein Kampf zwischen Gut und Böse, was auch an ihrem schwarz-weißen Kürkleid zu sehen ist. Nur ihr trauriger Blick verrät, dass sie immer noch keine Entscheidung getroffen hat. Nicht mal eine Goldmedaille kann ihr bei dieser

Wahl helfen. Sie macht eine schwindelerregende Himmels-Pirouette in Kombination mit einem Sitz und endet in einer Stand-Pirouette auf einem Bein, dabei sind ihre langen Finger über dem Kopf gekreuzt. Mit einem Schwungbogen landet sie auf dem Knie und blickt verträumt in Richtung Himmel. Hat sie gerade jetzt eine Entscheidung getroffen?, schießt es mir durch den Kopf. Sie steht auf und macht eine Verbeugung, das Publikum jubelt, und eine Träne ist auf ihren roten Wangen zu sehen. Außer Atem schwingt sie sich Richtung Bande, während ein Regen aus Blumen und Kuscheltieren auf dem Eis niederprasselt. Ich schalte alle meine Tonbänder und Bildschirme aus und versinke tief in meiner Welt. Da denke ich über diesen einen großen Moment nach, nichts bleibt jemals vergessen, auch wenn die Wendung manchmal rückwärts einschlägt. Und das wird bald passieren, genau in drei Stunden. Ich lasse sie noch ein wenig den Erfolg genießen, das hat sie verdient. Und wenn sie endlich ihre goldene Medaille bekommt und denkt, jetzt sind alle ihre Träume wahr geworden, werde ich ihr alles nehmen und alles in Sicherheit bringen. Nichts geht verloren, es ist unsere Bestimmung, um es eines Tages wiederzufinden. Es ist eine Minute vergangen, und ich bereite mich auf meine Mission vor. Bald werde ich zum ersten Mal meine Autorisierung benutzen, noch zwei Minuten habe ich Zeit.

Mein Arbeitszimmer ist nicht umsonst zwei Transportaufzüge groß, denn es ist tatsächlich ein Aufzug und er ist in jedem Augenblick bereit, nach oben oder unten zu fahren. Ich nehme meine Autorisierung, es ist eine Plastikkarte, dieselbe wie von einer Bank. Ich trage sie immer aufgehängt auf meiner Brust. Ich komme zu einer weißen Wand, direkt über dem Kontroll-Cockpit, wie ich meinen Arbeitsplatz liebevoll nenne. Ich nehme meine blaue Plastikkarte und stecke sie in einem viereckigen Kästchen, auf dem sich ein Bildschirm befindet, der voller digitaler Zahlen ist. Sie tanzen in schwarze Farbe getaucht auf dem Monitor, als wären sie die direkte Verbindung zu jedem einzelnen Stern im Universum. Aber als ich die Karte in eine kleine Öffnung stecke, so, als würde ich meinen Parkplatz bezahlen wollen, verlangsamen sie sich bis zum Stillstand. Und ich befehle ein Datum, an dem Aurora ihre goldene Medaille gerade bekommen soll. Die Wand öffnet sich, verschwindet in der Decke und ich trete in den vollkommen leeren Raum. Die Wand kommt in ihre ursprüngliche Position zurück und schließt sich hinter mir. Damit löscht sich das letzte Licht, und ich halte in der vollkommenen Dunkelheit für einen Moment inne. Es sind nur noch die restlichen Sekunden übrig bis zum vollständigen Countdown. Ich wünschte, ich hätte sie noch einmal sehen können. Ich versuche in meinem inneren Auge das Ereignis bis zum kleinsten Detail zu verfolgen. Die Menschen jubeln, Aurora nimmt ihren Platz auf der Nummer 1 ein und winkt noch in ihrem Kleid zum Publikum. Ihre Augen sind voller Tränen, während sie die frischen Blumen in den Händen trägt. Aber ich habe schweren Herzens dagegen entschieden. Ich zähle die restlichen Sekunden und drücke auf den roten Knopf, der in der Mitte des unendlichen Raumes ist.

Und es ist vollbracht. Aurora war immer ein Teil der Menschheit, und das wird sich niemals ändern. Wir sind alle eins, dennoch muss sie noch einmal umkehren und das von Beginn an. Noch einmal müssen wir beide versuchen, eine Verbindung herzustellen. Aber ich mache mir keine Sorgen, wie wir es schaffen können. Was sind schon Lichtjahre, wenn keiner mehr sich erinnern kann, dass du einmal hier warst? Auf dem Gipfel deines Lebens. Aber tief in deinem Inneren wirst du dein Talent und Wissen immer bei dir tragen, denn nichts und niemand geht verloren.

4. JÜNGERES ICH

„Guten Morgen, Ethan!“, begrüßte Gabriel mich, als er in mein Reich eintauchte. Wie üblich trug er einen hellbeigen Anzug und brachte zwei To-Go-Kaffeebecher mit. Die schweren Holztüren öffneten sich automatisch, und er marschierte herein, ohne auf mich zu achten. Routinemäßig stellte er die Kaffeetassen auf den kleinen Tisch in der Ecke, die wir einfach als „Pause-Ecke“ bezeichneten. Dort befanden sich ein alter grüner Sessel und zwei verschiedene Stühle, einer aus Holz und der andere aus schwarzem Stoff.

Als er bemerkte, dass ich hoch konzentriert etwas auf meinem Kopfhörer zuhörte, wurde er still. Ich spürte, wie er sich darüber wunderte, dass meine sechs Bildschirme um diese Zeit ausgeschaltet waren.

„Was hörst du da, mein Freund?“, fragte er laut und setzte sich in den grünen Sessel. Seine großen braunen Augen wanderten neugierig zu seiner Uhr, während er hinzufügte: „Es ist 10:00 Uhr Vormittag, und du hast deine Schicht noch nicht begonnen.“ Dann lehnte er sich gemütlich zurück und schaute an die Decke, seine langen braunen Locken fielen auf seine breiten Schultern. Seine runde schwarze Brille betonte seine recht große Nase. Er hatte etwas Besonderes an sich, eine Aura, die sich nie um etwas zu sorgen schien. Woher er kam, wusste ich nicht, aber ich stellte keine Fragen; ich gab lieber Antworten.

„Guten Morgen“, erwiderte ich seinen Gruß und legte meine Kopfhörer beiseite. „Ich schaue mir die Nachrichten an. Es sind 16 Monate vergangen, seit ich Aurora fortgebracht habe. 16 Jahre auf der Erde sind eine lange Zeit.“

Ich gesellte mich zu ihm auf den hölzernen Stuhl und entspannte mich ein wenig. Ich war müde und am Ende meiner Kräfte. Ich versuchte, einfach wachzubleiben. Meine Falten um die Augen waren noch tiefer geworden, seit ich nicht richtig schlafen konnte. Ich nahm einen Schluck von meinem Kaffee und genoss den Geschmack, der mir sofort neue Energie spendete. Ich überlegte kurz und suchte nach Verbindungen zwischen unseren weit entfernten Nachbarschaften. Mein logischer Verstand stand mir weiterhin im Weg, denn hier, an diesem Ort, hatte der logische Verstand nicht viel Bedeutung. Intellekt wollte ich nicht einmal erwähnen; diesen ganzen Kram hatten wir in unserer Akademie gelernt. Aber nur wenige waren bereit, loszulassen, viele von ihnen benutzten immer noch Handys und Laptops. Sie wussten immer noch nicht, dass sie die Fähigkeiten hatten, eine ganze Bibliothek auswendig zu lernen oder ohne Hilfsmittel mit anderen zu kommunizieren. Denn hier war ein Ort, an dem die Menschen vorbeigingen. Woher die meisten von uns kamen, wussten wir nicht. Auch ich hatte nur sehr wenige Erinnerungen aus meinem früheren Leben.

Jeder von uns hier bekam seine Aufgaben, dafür brauchten wir die Bildschirme. Ich hatte es noch nicht gelernt, ohne sie zu arbeiten. Als sich mein Kopf kristallisierte, war ich bereit, mit meinem Freund zu sprechen. „Alles in Ordnung. Es gab nur einen Presseartikel, der vor Monaten fälschlicherweise falsch geschrieben wurde. Es hieß, dass an den Winterspielen 1994 130 Athleten teilnahmen, bis es schließlich korrigiert wurde auf 129. Ich hoffe, jedes kleinste Paradoxon wurde erfolgreich behoben und niemand erinnert sich an etwas. Alles ist rechtzeitig repariert worden, niemand sonst ist verloren gegangen. Meine erste Mission ist wohl gelungen. Jetzt ist Aurora dran. Aber, Gabriel, ich weiß wirklich nicht, warum mein jüngeres Ich bei ihr aufgetaucht ist und warum sie sich immer noch treffen.“ Meine Stimme war von purer Verzweiflung gezeichnet.

Gabriel sagte nichts. Er schien tief in Gedanken verloren zu sein, bis er zu sich kam, um seine Geschichte zu erzählen. „Als ich hierherkam, war ich sehr traurig. Es vergingen Monate, bis ich mich erholt hatte, und ich durfte auch nicht arbeiten. Es war sehr hart. Erinnerst du dich, als wir uns im Park getroffen haben? Ich war obdachlos, sagte er entschlossen und blickte mir tief in die Augen. „Du hast mich gerettet“, flüsterte er leise.

Ich nahm noch einen Schluck Kaffee und blickte in meinen Becher.

„Mein Lieber, ich wusste noch nicht, dass es heutzutage immer noch Obdachlose gibt", hatte ich damals vor langer Zeit zu ihm gesagt. „Was ist passiert?", fragte ich, als ich ihn zum ersten Mal unter einer Brücke sah. Seine mit Flecken bedeckte Kleidung hatte gestunken und er hatte sich wochenlang nicht rasiert und gewaschen. Deshalb trug er heute noch lange Haare, damit er sich an jeden Tag seines Lebens daran erinnerte, woher er gekommen war.

„Ich kann dir eine Arbeit besorgen! Hier ist die Adresse. Morgen um 08:00 Uhr, und bitte sei pünktlich."

Das war unsere erste Begegnung. Seitdem waren wir oft zusammen.

Ich kam kaum aus meinem Arbeitszimmer heraus, weil ich nur von hier arbeiten konnte. Aber Gabriel konnte von überall arbeiten. Er hatte schnell gelernt, wie er seinen Schützling überwachen und ihm eine Stimme geben konnte, ganz ohne Mikrofon. Aber anscheinend war dieser Typ nicht in der Lage, zu schätzen, welches Privileg er hatte, so einen Beschützer zu haben. Im Gegenteil, er wurde jeden Tag schlimmer, und wir wussten, wie das enden würde.

„Ethan, wenn mir etwas passiert, möchte ich dir sagen, dass du mein bester Freund bist."

„Ach, hör auf damit, Gabriel! Was kann schon passieren? Was passiert ist, ist passiert“, sagte ich und gestikulierte um mich herum, in der Hoffnung, dass er mich so besser verstehen würde.

Aber er schüttelte nur den Kopf. „Nein, es ist nicht passiert“, flüsterte er sehr leise, als ob jemand uns hören könnte.

„Was meinst du damit?“ Ich konnte nicht anders, als auch zu flüstern. Was er damit andeuten wollte, das wusste ich kaum. Das, woran wir uns erinnerten, verdrängten wir, aus Angst, dass wir uns verlieren könnten, obwohl wir schon verloren waren.

„Du bist deinem jüngeren Ich im Jahr 1992 begegnet. Jetzt ist 2024, und es gibt nur eine Gegenwart. Wer von uns hat bitteschön die Ausbildung absolviert?“, flüsterte er atemlos und sah mich mit einem bedeutungsvollen Blick an. Fast verschwörerisch richtete er sich kerzengerade in seinem Sessel auf.

„Ja, aber das Jahr 1992 ist auch Realität“, wandte ich ein. „Was willst du damit andeuten, dass alles schon passiert ist? Das passiert gerade jetzt, während wir hier sitzen, mein Lieber.“ Meine Augen wurden schmal, und ich ließ alles durch meinen Kopf gehen.

„Schalte den Bildschirm an und rede mit deinem Jüngeren Selbst“, rief er mir zu. „Worauf wartest du? Sag ihm alles, was du ihm schon längst sagen wolltest. Er wird auf dich hören. Glaub mir. Du hast noch Zeit. Nutze diese Gelegenheit.“

Normalerweise, bevor ich das Gefühl hatte, ohnmächtig zu werden, sah ich zuerst alles schwarz um mich herum. Doch diesmal sah ich eine weiße Farbe. Mein Herz schlug hoffnungsvoll, und plötzlich musste ich handeln. Und ohne das Gefühl zu haben, verschwinden zu müssen, fand ich die richtigen Worte, um mir selbst zu erzählen, wie sehr ich es bedauerte, Entscheidungen treffen zu müssen. Auch wenn ich mich an sie nicht erinnern konnte, sie wachten Tag und Nacht über mich – in jedem Moment meines Daseins.

5. TRÄUME

Gefangen wie ein Vogel ohne Flügel liege ich da in der prallen Sonne. Über mir nichts als der weite Himmel und weiße Wolken, unter mir nichts als der harte Boden, der meinen warmen Körper umhüllte. Es ist eine Meisterleistung, ohne jegliche Übung die höchste Stufe der Leichtigkeit die Tiefe meines Geistes zu erreichen. Eine Engelsstimme, die noch einmal wiederholt: „Es ist vollbracht“ höre ich noch einmal in meinem Kopf. Meine Augenlider werden schwer, und ich gebe nach, denn ich möchte nicht kämpfen. Ich folge der Stimme, bis ein Nebel aus Licht sich ausbreitet in einem leeren Raum. Und ich versuche, es zu berühren, aber es ist so weit, dass ich mich an etwas erinnern muss. Es fühlt sich richtig an, voller Wahrheit und ultimativer Geborgenheit. Aber nur für einen kurzen Augenblick. Danach öffne ich meine Augen, und mit Schweißperlen auf der Stirn blicke ich Richtung Fenster. Jeden Morgen das gleiche Ritual. Meine Kollegen hier nennen es „die Träume“ aber ich weiß, dahinter steckt noch etwas mehr. Es ist wie ein Fenster in einer anderen Welt, Lichtjahre entfernt, aber doch so greifbar nah. Du bist mittendrin, und doch verschwindest du irgendwoher nur mit einem Wimpernschlag.

Ich bleibe noch in meinem Bett liegen und versuche, das Gefühl so lange festzuhalten, wie es mir möglich ist. Vielleicht erinnere ich mich noch an etwas mehr. Es ist genau 07:30 Uhr, der Moment, auf den ich jeden Morgen warte. Eine warme Berührung auf meiner Stirn. Ich nenne es „einen Kuss", dann beginnt mein neuer Tag. Ich dusche lange, tief in Einsamkeit versunken, bereite mich auf die neuen Aufgaben vor. Danach ziehe ich mich an, und ohne Frühstück gehe ich zur Arbeit. Dort schalte ich meine Bildschirme an und versuche, sehr viel zu erledigen, noch bevor Gabriel durch diese Tür marschiert.

Aurora ist gerade 34 Jahre alt und ich bin ihr bester Freund. Wir sind fast immer zusammen, essen gemeinsam und schauen uns Filme an. Aber warum erinnere ich mich nicht an all das? Die Zeit vergeht mit großer Geschwindigkeit, und ich möchte nicht zusehen, wie ich jeden Tag älter werde. Ich möchte am liebsten nicht jeden Tag in dieses viereckige Ding schauen, doch ich kann es nicht ignorieren. Sie ist so hübsch, wenn wir zusammen lachen oder draußen spazieren gehen. Manchmal stoppe ich die Zeit und lasse die Momente langsam vergehen. Ich möchte sie für immer bei mir haben, und der Wind weht sanft durch ihr langes Haar, wenn sie draußen im Park lächelnd herumspaziert. Ihr Lachen ist so ansteckend, und ich spüre die Wärme ihres Händedrucks in meinem. Plötzlich sehe ich an der Wanduhr, die über der Tür hängt, ein rundes Ziffernblatt mit goldenen Zahlen und funkelnden Diamanten, die den gesamten Zeitmesser schmücken. Die Uhr zeigt genau 11:00 Uhr, und Gabriel ist noch nicht da. In all den Jahren ist das noch nie passiert. Er kommt immer früh am Morgen vorbei, und wir legen eine Pause ein, um ein wenig über unsere Arbeit zu sprechen. Besorgt blicke ich zu Aurora. Sie ist im Haus und überlegt sich beim Durchgehen des Wohnzimmers, ob sie lieber etwas lesen soll. Bei ihr ist es 23:00 Uhr nachts, und da heute Abend nichts Dramatisches mehr passiert, schaltete ich den Bildschirm aus. Manchmal brauchen Menschen einfach ihre Privatsphäre. Ich schalte mich wieder live ein, falls sie Hilfe oder emotionale Unterstützung benötigt. Danach schalte ich andere Bildschirme an, die ich „die Rückblende" nenne. Hier betrachte ich die Szenen, die durch eine gewisse Dramatik geprägt sind, und bewerte sie vertrauensvoll und hoch konzentriert. Sie sind notwendig, weil sie durch lebhafte Ereignisse schnell vergehen.

Dann wechsle ich zum nächsten Bildschirm, der für die Analyse verantwortlich ist. Hier beginnt die Voraussage für die Zukunft, damit wir rechtzeitig wissen, wie wir am besten reagieren können. Aber da ich mir jetzt Sorgen um Gabriel mache, überbrücke ich meine Arbeit mit einer autonomen Rückblende. Jede Information wird in einem Speicher aufbewahrt. Diese Speicher sind so mächtig, dass es für jeden Menschen einen gibt, in dem sich sein ganzes Leben befindet. Jedes gesprochene Wort, jeder Gedanke, Traum und jede Tat – alles, was dieser Mensch je gemacht hat, wird in einem Speicher übertragen, der nicht größer ist als ein Sandkorn. Sie bestehen aus Kristallen, und niemand weiß, woher diese Ressourcen stammen. Jeder dieser Speicher kann sich jederzeit mit unserem Computer verbinden. Das Programm für dieses Vorgehen ist streng geheim.

Als ich sicher bin, dass alles perfekt funktioniert, mache ich mich auf den Weg zum Kontrollraum von Gabriel, wohl wissend, dass er dort nicht viel Zeit verbringt, da er, wie bereits erwähnt, von überall ausarbeitet. Ich verlasse den Raum und gehe durch zahlreiche Korridore. Auf dem Weg sehe ich meine Kollegen und Kolleginnen, die in Eile an mir vorbeigehen. Einige sagen Hallo, viele rennen jedoch in Panik, da es manchmal auch um Leben und Tod geht. Die Neonlichter sind zu laut, was meinem chronischen Tinnitus nicht guttut, und die gesamte Umgebung erinnert mit an ein Krankenhaus. Und jedes Mal, wenn ich durch diese Gänge gehe, bekomme ich eine Gänsehaut. Mit zusammengebissenen Zähnen und schnellen Schritten öffne ich die schweren Türen mit meinem Ausweis. Ich sehe Gabriel an, wie er auf einen Monitor starrt. Er wirkt, als stünde die Apokalypse jeden Moment bevor.

„Was machst du da?“, frage ich ihn irritiert, denn ich habe noch nie gesehen, wie er solche Hilfsmittel zurate zog.

„Ich schaue mir die Rückblenden an“, sagt er mit einer eiskalten Stimme.

„Was ist passiert, Gabriel?“ Ich setze mich neben ihn und gemeinsam verfolgten wir die Szenen, die auf dem Monitor zu sehen sind.

Sein Schützling sitzt an einem Tisch im Wohnzimmer und schaut mit leerem Blicken durch die Wände seiner Wohnung. Er hat kurze schwarze Haare, dezente kleine Falten um die Augen, und gelegentlich zucken seine Augenlider, als würde er über etwas sehr Wichtiges nachdenken.

„Das ist der entscheidende Moment. Er plant etwas. Es wird etwas passieren“, sagt Gabriel und klopft mit seinen Fingern auf den Rand des Tisches.

„Ok. Welches Jahr haben wir hier?“, will ich gerne wissen.

Aber er schluckt schwer und beißt sich auf die Lippe. „Es ist in der Zukunft.“

„Aber, Gabriel, das ist der Rückblenden-Monitor.“

Gabriel legt seinen Zeigefinger auf die Lippen und blickt mich fest entschlossen an, bevor ich den Satz beenden kann.

„Ethan, bitte sage es niemandem. Ich habe es geschafft, in die Zukunft zu blicken. Das ist ein Geheimnis; bitte sage es niemandem. Es geht um Menschenleben. Seine Frau hat ihn gestern verlassen“, sagte er.

„Kein Problem. Ich sage es niemandem, ich schwöre es. Was machst du jetzt?“, will ich wissen.

„Er hört nicht mehr auf meine Stimme. Wenn etwas passiert, werde ich an einen anderen Ort verlegt werden, mein Freund.“

„Das wird nicht passieren. Ich verspreche es dir.“ Aber einen Plan, wie ich dieses Versprechen halten würde, gibt es nicht.

„Wie alt ist Aurora jetzt?“, fragt er mich. Seine Augen wirken müde und sehr durchdringend.

„Sie ist fünfunddreißig Jahre alt. Warum?“

Doch er mustert mich nur noch und ergänzte die Frage: „Wie lange bist du schon hier?“

„Gabriel, worauf möchtest du hinaus?“

„Sag es mir!“, schreit er mich an.

„Dreizehn Jahre“, antworte ich ihm, völlig überfordert und irritiert.

„So viel Zeit ist auch auf der Erde vergangen bis zum jetzigen Zeitpunkt. Es scheint, deine Existenz hier auf dieser Ebene hat keinen Einfluss auf die irdische Ebene.“

„Das kann nicht möglich sein.“ Ich will noch mehr wissen, aber die Angst raubt mir den Verstand.

„Mein Freund, hör mir bitte zu. Wir warten einfach ab, was passieren wird. Es gibt keine andere Lösung, als zu warten. Das ist das allgemeine Heilmittel: die Geduld.“

An diesem Punkt fühlte es sich so an, als müssten wir nicht lange warten. Ein trauriger Schauder durchströmt mich, als hätte ich noch mehr gewusst, mich jedoch nicht erinnern können. „Hast du diesen Augenblick hier analysiert?“, frage ich und deute auf den Monitor.

„Ja, wir müssen dreizehn Tage warten“, räumt Gabriel ein.

„Was? Aber in dieser Zeit…“ Ich kann den Satz nicht beenden.

„Richtig. In dreizehn Tagen bist du so alt wie jetzt. Die Zeit hier verläuft anders. Die Daten könnten gut zusammenpassen“, sagt er trocken. Wenn Daten sich miteinander verbinden, hat das immer eine schicksalhafte Wirkung.

„Keine Sorge, es wird schon gut gehen“, versuche ich, ihn zu beruhigen, doch sein ungewöhnliches Schweigen bringt mich ins Straucheln.

„Er hat einen Vertrag unterzeichnet“, offenbart er schließlich.

„Welchen Vertrag?“, fragte ich nach.

„Hier, sieh selbst“, sagt er und klickt auf die Computermaus, woraufhin sich der Bildschirm wieder einschaltet. „Das hier ist ein Vertrag. Ich kann ihn nicht weiter vergrößern, aber hier ist dein Name zu sehen – Ethan White. Das ist alles. Nur diese eine Aufnahme, alles andere ist wie ausgelöscht.“

Nach diesen Worten beginne ich in meinem Gedanken tief zu grübeln. „Ein Vertrag?“, frage ich mit Nachdruck. Und erneut gehen mir all meine Albträume durch den Kopf. „Ich erinnere mich langsam. Es scheint, als hätte auch ich einen Vertrag unterschrieben“, murmle ich, während er noch einmal auf den Bildschirm blickt. Mit seiner Faust schlägt er unsanft auf den Tisch.

„Ich werde dir zeigen, wie du einen Blick in die Zukunft werfen kannst“, sagt er entschlossen, und mein Magen fühlte sich plötzlich schwer an.

6. DIE PERSPEKTIVE

„Ich habe es versucht, wirklich“, seufzte ich nervös, die Hände in den Hosentaschen vergraben. Doch mein Chef glaubte mir kein Wort. Wir trafen uns im Pausenraum eines kleinen Cafés im zwanzigsten Stockwerk unseres Bürogebäudes. Ein beeindruckendes Panorama erstreckte sich vor uns, mit Hochhäusern, die durch die riesigen Fenster ragten. Der Himmel war tiefblau, übersät mit zahlreichen kleinen weißen Wolken, die, wie von einer unsichtbaren Hand gemalt, die gesamte Umgebung schmückten. Ihre flauschigen von den Sonnenstrahlen durchtränkten Erscheinungen erinnerten an viele Zuckerwatten.

Mein Chef nahm einen Schokoladenkuchen und eine große Tasse Cappuccino von der Theke und suchte nach freien Sitzplätzen. Die Auswahl war groß, da die meisten Menschen sich entweder in ihren Büros oder Kontrollräumen befanden. Nicht jeder hatte denselben Job; einige beschäftigten sich nur mit der Buchhaltung aus den Archiven und recherchierten den ganzen Tag etwas. Als sein Blick auf einen Tisch nahe dem Fenster fiel, ging er weiter und beachtete mich nicht mehr. Ich überlegte kurz zu gehen, doch als ich sah, wie er seinen Kuchen betrachtete und bereit war, den ersten Bissen zu genießen, gesellte ich mich doch zu ihm.

„Du musst unbedingt diesen Kuchen probieren. Er ist so lecker“, sagte er, noch bevor er den ersten Bissen nahm. Doch bevor er ihn kosten konnte, überkam mich das Bedürfnis, ihm mein Leid zu klagen. „Ich muss immer noch ständig an meinen Monitoren arbeiten. Ich komme kaum aus meinem Raum heraus“, sagte ich monoton, um weniger verzweifelt zu klingen.

„Sei nicht so dramatisch. Du solltest dich glücklich schätzen, dass du Verantwortung trägst, statt dich zu beschweren“, erwiderte er. Er beendete den letzten Satz mit einem Schluck seines Kaffees. Dann schaute er in die Weite, lächelte und atmete tief aus. In seinem Gesichtsausdruck spiegelte sich nur dieser eine Moment wider. Manchmal brauchen wir eine Verschnaufpause, um später unsere eigenen Sorgen aus einem anderen Blickwinkel betrachten zu können. Doch mein Chef nahm sich nicht die Zeit, mir das alles beizubringen. Er war einfach da, als hätte er die ganze Ewigkeit für sich allein beansprucht. Und ich wurde eifersüchtig. Ich wünschte mir, ich könnte genauso sein wie er – sorgenfrei und glücklich. Selbst wenn nur dieser eine Kuchen dazu in der Lage wäre, alle Leiden dieser Menschheit zu vergessen, selbst wenn es nur für einen kleinen Augenblick wäre.

Eine Woche später war ich mit Gabriel in diesem Park. Wir saßen auf einer Bank und beobachteten den kleinen See. Es war angenehm warm an diesem Tag. Ohne unsere Jacken und Mäntel, nur in kurzen Shirts, genossen wir diesen wunderschönen frühlingshaften Tag. Die kleine Entenfamilie bereitete sich auf ein nasses Vergnügen vor. Nachdem die Mama in den See gegangen war, folgten ihr auch die Kleinen. Als ich sah, wie Gabriel sie ruhig und entspannt betrachtete, wurde mir klar, dass auch er zu den Menschen gehörte, die sich nie Sorgen machten. Wieder einmal verspürte ich eine Art Neid und mein Blick wanderte zum Boden. Vielleicht war das der Grund, warum er die Monitore so selten benutzte.

„Über was denkst du gerade nach?“, fragte er mich unvermittelt und durchbrach die Stille.

„Ich denke darüber nach, wie ich meine kostbare Zeit mit unnötigen Sorgen verschwende“, sagte ich und biss mir auf die Lippe. Überraschend fühlte ich mich ein wenig entspannter. Er lächelte mich an, hob beschwichtigend die Hände und räusperte sich. Mein Gehirn arbeitete auf Hochtouren wie noch nie zuvor.

„Wo sind wir hier? Wo ist meine Familie? Habe ich überhaupt eine? Was ist der Sinn des Lebens? Wohin führt uns unser Weg?“ Dann folgte eine Pause. Ich spürte mein Herz rasen. „Gibt es ein Leben nach dem Tod?“ Ich schloss die Augen und versuchte, mir das ‚Nichts‘ vorzustellen. Doch egal, wie sehr ich mich bemühte, ich konnte mich einfach nicht in Nichts verwandeln. Ich konnte es mir überhaupt nicht vorstellen. Immer mehr Gedanken drängten sich in meinem Inneren auf. Ich sah nur kurz Aurora durch meine imaginären Augen, wie sie tapfer um die goldene Medaille kämpfte. Wo war ich eigentlich, als das alles passierte? Dann geschah etwas zum allerersten Mal. Ich hörte Stimmen, aber ich wusste, dass sie in meinem Kopf echt waren. Ich konnte nichts sehen, egal, wie sehr ich mich bemühte. Ich lauschte den Geräuschen, dem nahen Verkehr und den Schritten.

„Wechsle die Perspektive", erinnerte ich mich an etwas, das mir Gabriel einmal gesagt hatte. Jetzt hatte ich Zeit, genau das zu tun. Es war, als würde ich in einem Traum schweben. Die Geräusche um mich herum waren verworren, und plötzlich fand ich mich in einem Aufzug wieder, der rasend schnell einige Stockwerke nach unten fuhr. Als ich die Augen öffnete, vergaß ich mich für einen Moment. Es war, als ob es um jemand anderen ging und nicht um mich. Ich befand mich in einem Krankenzimmer. Auf dem Bett lag jemand, angeschlossen an lebenserhaltende Geräte. Das Herz schlug in regelmäßigen Abständen, und eine seltsame Atmosphäre lag in der Luft. Ein Arzt und eine Frau diskutierten über das bevorstehende Schicksal des Mannes. „Denken Sie darüber nach. Er wird nicht mehr aufwachen, sein Gehirn zeigt keine Aktivitäten mehr. Es tut mir leid", sagte der Arzt mit sehr ernster Miene. Die Frau brach zusammen und wurde von einer Krankenschwester zu einem Stuhl nahe am Fenster gebracht. Ich wurde neugierig auf den Patienten, und als ich näherkommen wollte, hörte ich Gabriels Schreien: „Ethan, komm zurück." Ein starkes, betäubendes Geräusch dröhnte in meinen Ohren.

„Du musst nicht schreien", flehte ich ihn an und versuchte, mich zu orientieren. Aber immer noch kreisten verstörende Bilder in meinem Kopf.

„Du siehst blass aus. Geht es dir gut?", fragte er besorgt.

„Ja, mir geht es gut. Ich denke, bald werde ich keine Monitore mehr brauchen."

„Ich gratuliere! Bravo! Aber du siehst aus, als hättest du einen Geist gesehen. Komm, wir gehen spazieren." Er klopfte mir aufmunternd auf die Schultern, doch ich fühlte mich immer noch desorientiert. Mit einem sanften Lächeln wies er mir den steinigen Gehweg. „Das erste Mal ist am schwierigsten, danach wird es einfacher. Es ist die Gewohnheit. Egal, was dir passiert, Gewohnheit ist alles, was du brauchst. Es ist deine Kraft, die dich überall begleitet. Gewohnheit und Geduld. Merke dir das."

Ich nickte. Ich musste schnell lernen, worum es eigentlich ging. Alles Neue erfordert Anpassung, Vertrauen und Zeit. Immer wieder musste ich darüber nachdenken, was ich gerade gesehen hatte. Es erschütterte mich bis ins Mark. Mit schweren

Schritten gingen wir zusammen durch die schöne Gegend. Der frische, luftige Wind belebte meine Sinne und machte mich wach, doch ich war immer noch in meinen Gedanken verloren. Ich versuchte, allem eine Antwort zu geben. Doch nichts konnte mich mehr ermutigen, jetzt wo ich sicher war, dass nichts hier dem entsprach, wohin ich eigentlich gehörte. „Dieser Ort ist nicht für mich bestimmt. Hier gibt es keine Entwicklung mehr. Willst du mich nicht fragen, was ich gesehen habe?“, fragte ich ihn, während ich versuchte, meine emotionale Stimmung zu verbergen.

Es schien, als hätte er sein Schicksal bereits akzeptiert. Der Gedanke, ihn zu verlieren, war mehr als unerträglich. Aber jetzt musste ich erst einmal an mich denken. Wie komme ich aus dieser Situation heraus?, fragte ich mich innerlich und unwillkürlich musste ich an meine Ausbildung denken. Wir hatten jeden zweiten Nachmittag einen Kurs in einem Raum voller Bücher. Es drehte sich immer um dasselbe Thema: Kreatives Schreiben. Was hatte das mit meinem Leben zu tun, oder besser gesagt, mit meinem Überleben? Aber es steckte schon etwas dahinter. Wir mussten Geschichten erfinden, ein Problem heraufbeschwören und es möglichst erfolgreich lösen. Je mehr Katastrophen wir bewältigten, desto erfolgreicher waren wir in unserem Job. Das war die Idee, die sich jemand für uns ausgedacht hatte. Eine andere Studentengruppe musste nicht schreiben oder lesen, sondern in den Bibliotheken forschen. Wie das geht, weiß ich bis heute nicht. Sie waren so etwas wie Genies, eine besonders begabte Gruppe. Wenn die Menschen insgesamt klüger wären in unserer Welt, wäre weniger Unrecht und Unzufriedenheit auf der ganzen Erde. Das Ziel ist es, die Menschheit zu verbessern. Dafür gab es auch das Militär, aber nicht in unserer Stadt. Sie hatten eigene Städte, wo sie mit altmodischen Waffen trainierten. Warum nicht mit modernen, das wusste ich nicht. Die genaue Anzahl der Bewohner unserer Stadt konnte ich nicht beurteilen, da sie sich kontinuierlich veränderte. Jeder einzelne Mensch hier hatte eine Mission zu erfüllen, die Auswirkungen auf das gesamte Universum haben sollte. Und es gab noch so viele andere Städte hier, mit einer Anzahl von Seelen wie die Wassertropfen eines Ozeans. Das waren wirklich sehr viele. Jetzt blieb mir die Frage: Warum war die Erde kein sicherer Ort, wenn sie so viel Unterstützung erhielt?

Aber anstatt eine Antwort auf meine Frage von Gabriel zu bekommen, unterbrach er meine Gedanken: „Ich möchte dir etwas zeigen. Komm mit! Es ist nicht sehr weit."

Wir gingen bis zum Parkplatz, wo unsere Fahrräder geparkt waren. Eine seltsame Ruhe umgab seine ganze Präsenz, als wüsste er bereits, was bald geschehen würde.

7. EIN ÜBERLEBENDER

Ein stechender Schmerz in meiner Brust riss mich aus meinem tiefen Schlaf. Mit Schweißperlen bedeckt rang ich panisch nach Luft. Das ganze Schlafzimmer drehte sich wie ein Karussell, während ich regungslos minutenlang im Bett lag. Ein seltsames, mir unbekanntes Gefühl erwartete mich, während ich darauf wartete, dass sich die Drehungen beruhigten. Die Angst war so überwältigend, dass ich sie noch lange spürte, selbst als sie meinen Körper verließ. Ich konzentrierte mich auf ein Bild, das dekorativ an der Wand hing. Ein Sternenhimmel in der Nacht, mit einem halb verdeckten Mond, der zwischen den Wolken aufragte. In seiner tiefblauen Stunde offenbarte er all seine zauberhafte Vollkommenheit und vor allem seine kostbare Unsterblichkeit. Seit meiner Ankunft an diesem Ort fühlte ich mich nun auch als ein Teil von dem, was mir ein ewiges Leben versprach. Es war, als ob die Zeit innehielt, und für einen Moment durfte ich eins sein mit der Schönheit des Universums.

Weitere Minuten vergingen, bis sich das Karussell langsam verlangsamte. Der Schmerz wich einem unangenehmen Druck, und ich atmete tiefer, dankbar dafür, dass ich noch hier war. Tränen liefen über meine Wangen und benetzten meine warmen Lippen.

Was passiert hier gerade?, schoss es mir durch den Kopf. Ich hatte nicht die Kraft, aus dem Bett aufzustehen. Doch bevor erneut Panik in mir hochkommen konnte, konzentrierte ich mich auf meinen Atem und den Blick auf das Gelände.

„Mir geht es gut. Alles wird gut sein. Ich passe mich der Situation an“, flüsterte ich leise, den Blick zur Decke gerichtet. „In allen Gewohnheiten liegt die große Kraft“, flüsterte ich mein erfundenes Mantra.

Tatsächlich strahlte mein Zimmer eine ruhigere Atmosphäre aus, und die Stille der Nacht wurde zu meinem Augenblick der Besinnung. Begleitet von diesem vertrauten Zustand, auch Déjà-vu genannt, der jede einzelne Zelle meines Körpers durchflutete, versuchte ich, etwas zu ergreifen, doch vergeblich. Die Hoffnung, mich an etwas aus meinem früheren Leben zu erinnern, war vergebens. Mein Kopf war leer, ohne jegliche Vertrautheit, und wie Schneeflocken im Winter war alles verflogen. Allem Anschein nach hatte etwas Wichtiges stattgefunden, und ich konnte spüren, dass sich etwas verändert hatte.

„Hallo, geht es Ihnen gut?“, erinnerte ich mich an eine fremde Stimme. Ich befand mich in einer Krankenstation, nicht weit von meiner aktuellen Wohnung entfernt. Der Arzt, ein junger Mann, war damals sehr an meinem Zustand interessiert, während ich ein Fremder war, der gerade auf dieser Welt angekommen war. Ich betrachtete dies als eine unvollständige Ebene, denn mir fehlten die Herausforderungen, die ich gewohnt war: gefrorene Seen, Stürme, Nebel, Hitze, Hagel und wilde Tiere. Hier gab es immer nur eine gerade Linie, Tag für Tag. Rollos auf, Rollos zu; Arbeitsbeginn und -ende. Ich vermisste die Kneipen, Frauen, Alkohol und sogar Streit, Wut und eine Menge Ärger. Es war furchtbar langweilig, sogar die Langeweile selbst war langweilig.

Die einzige wahre Leidenschaft sollte unsere Arbeit sein, denn wir tun sie für die Menschheit, damit sie jeden Tag die richtigen Entscheidungen treffen kann. Und doch machen sie alles falsch, was sie falsch machen können.

Bei diesem Gedanken sprang ich aus dem Bett und dachte an Gabriel. Eine seltsame Vorahnung beschlich mich. Es war 3:45 Uhr, viel zu früh, aber ich ging trotzdem zur Arbeit. Ich hoffte aufrichtig, dass Gabriel heute zur Arbeit kommen würde. Er durfte nicht scheitern. Eilig duschte ich, zog meinen dunklen Anzug an, und als ich meine Schuhe anziehen wollte, sah ich mein Gesicht in der Spiegelwand. Der Anblick war so überwältigend, als hätte ich ein zusätzliches Leben geschenkt bekommen. Mit neuer Energie eilte ich die Treppe hinunter, trat auf die Straße und lief so schnell wie möglich. Die Stadt lag noch im tiefen Schlaf, der Sonnenaufgang war noch weit entfernt. Hier war die Welt immer im gleichen Modus, ohne Jahreszeiten, die das Gefühl vermittelten, dass die Zeit verging.

Auch an diesem Morgen war die Temperatur mild und angenehm. Der Sonnenaufgang war jeden Morgen um 6:30 Uhr und der Sonnenuntergang um 19:45 Uhr. Jeder Tag war gleich, ohne Kompromisse, ohne Veränderungen.

Als ich das Gebäude betrat, rannte ich durch die Gänge. Ein Aufzug brachte mich bis zum dreißigsten Stockwerk. Endlich in meinem Kontrollraum angekommen, stellte ich fest, dass sich meine Monitore nicht einschalten ließen. Ich klopfte und tippte auf die Tastaturen, aber sie reagierten nicht auf meine Befehle. Mit beiden Händen stützte ich meinen Kopf und betete, dass nichts Schlimmes mit Aurora passiert war. Jede Sekunde des Wartens fühlte sich wie eine Ewigkeit an und ich ging die letzten Szenen immer wieder durch, bis meine Sorgen endlich nachließen. Vielleicht handelte es sich nur um einen Fehler im Speicher, der Kommunikation oder der Übertragung, versuchte ich mich zu beruhigen, damit mein Verstand mehr Raum für die Analyse bekommen konnte. Aber je mehr Mühe ich mir gab, desto stärker stach die Einsamkeit in meine Brust, fast bis zur Ohnmacht. Ich öffnete ein paar Knöpfe meines Hemdes und atmete tief ein, während ich in meinem Stuhl saß. Müde schloss ich meine Augen und dachte über das Problem nach, doch in meinem Geist herrschte nichts als eine schwarze Leinwand. Ich schaukelte von links nach rechts, bis sich die Türen öffneten, doch ich blieb reglos auf meinem Stuhl sitzen. Völlig unbeteiligt hörte ich, dass jemand hereinkam.

„Ethan, wach auf“, hörte ich verschwommen die Stimme meines Chefs. Erschöpft vom stundenlangen Warten schaute ich zu ihm auf. Ich öffnete meine Augen und sah zu ihm hinüber. Sein schmales Gesicht spiegelte einen mitfühlenden Blick wider, der auf mir ruhte. „Es ist Zeit, mein lieber Freund“, sagte er, während ich perplex aufrecht saß und ihn betrachtete. Er saß da, energisch mit seinen Händen über die Tastatur fliegend, dabei leise vor sich hin murmelnd und nervös über sein Haar streichend.

Es kostete ihn sichtlich Mühe, die Bildschirme in Gang zu bringen. Als die ersten Bilder auf den drei Monitoren erschienen, war nichts als eine Straße zu sehen. Ein Maisfeld lag unter der Mittagssonne, irgendwo in einem Land. Ein Autorennen war zu hören, gefolgt von einem lauten Krachen, woraufhin automatisch ein weiteres Bild erschien. Es zeigte, wie ein blaues Retroauto in eine Limousine raste. Das alles schien nichts Besonderes in meinen Augen zu sein. Doch mein Chef unterbrach und sah mich direkt an. „Bist du bereit?“

Seine Frage schüttelte mich wach. Etwas verwirrt nickte ich und wartete auf mein eigenes Schicksal. Ich dachte, wir dienen der Menschheit, doch plötzlich wurde mir klar, dass ich jetzt mitten im Fokus stand. Ich ging näher an den Monitor heran, obwohl ich nicht bereit war für das, was ich sehen würde.

„Du solltest nicht alleine sein, wenn du dir das ansiehst. Deshalb haben wir alles auf Stand-by geschaltet, bis ich gekommen bin. Wirst du damit zurechtkommen?“, fragte er mich, bereits halb zur Tür gerichtet.

In der Gewohnheit liegt die Kraft, hallte es in meinem Bewusstsein wider. Ich würde verstehen müssen, warum manchmal die Dinge außer Kontrolle geraten. Ich würde auch das überstehen, was gerade mit mir passierte. Ich bin ein Überlebender, wiederhole ich in meinem innersten Wesenskern, immer wieder.

8. STATUS: ELITE

Ich lag in einem Krankenzimmer, und ein Arzt leuchtete mit seiner Lampe in meine Pupillen. „Er befindet sich noch im Schockzustand, aber er wird das schon schaffen“, sagte er zu einem anderen Arzt, der auf der anderen Seite meines Bettes stand. „Das ist nichts Ungewöhnliches. Sie alle, die hierherkommen, brauchen etwas Zeit, um sich zu erholen und sich daran zu gewöhnen, dass sie jetzt hier sind“, sagte er offenbar zu seinem Lehrling.

Ich hatte gehofft, bald nach Hause gehen zu können, aber einige Stunden später sagte mir derselbe Arzt, dass das nicht mehr möglich sei. Jetzt war ich hier, ohne ein Zuhause, ohne Familie und Freunde. Und noch schlimmer: Mit der Zeit hatte ich festgestellt, dass ich mich gar nicht mehr daran erinnern konnte, was davor war, bevor ich hier ankam. Sehr schnell hatten sie mich darauf vorbereitet, dass ich ein neues Leben beginnen sollte, und es ging nicht mehr nur um mich. Ab jetzt standen andere Ziele im Mittelpunkt, andere Prioritäten. Ich wusste nicht mehr, wer ich war, aber ich passte mich lieber an, sonst würde ich an einen anderen Ort verlegt werden. So hatten sie es mir gesagt.

Wenige Tage später hatte ich einen Termin bei einer Frau. Dort musste ich viele verschiedene Tests schreiben. Sie ergaben keinen Sinn. Es waren lauter dumme Fragen, wie: Was ist mein Lieblingsessen, welche Jahreszeiten mag ich, welche Musik höre ich gerne und so weiter. Daran konnte ich mich gut erinnern. Dann wurde ich von jemandem abgeholt und stieg in einen Bus, zusammen mit anderen Menschen. Drinnen waren mehrere Jugendliche, fünf Frauen, ein paar Ältere und Männer, die genauso wenig wie ich wussten, wohin wir fahren sollten. Wir fuhren durch die Hauptstraßen dieser außergewöhnlichen Stadt, in welchen viele Menschen zu sehen waren. Sie spazierten, fuhren Roller und Mütter schoben Kinderwagen durch die Gegend. Hier gab es gepflegte, mit Blumen übersäte Parks, Kinderspielplätze, Cafés, Restaurants und Skate-Parks. Alle wirkten entspannt, niemand war in Eile, niemand hupte oder schimpfte während der Fahrt. Dennoch wurde ich das Gefühl nicht los, dass ich mich in einem Gefängnis befand.

Irgendwann bog unser Bus, der mit seinen geradezu cremefarbenen Farben aus den Siebziger-Jahren zu stammen schien, zu einem Weg ab, der in den Wald führte. Mein Herz blieb fast stehen, als ich all die ernsten Gesichter um mich herum sah. Sie blickten besorgt nach draußen, ohne jegliche Reaktion, nur mit versteinerten Mienen darauf wartend, dass wir unser Ziel erreichten. Hier gab es nichts außer Bäumen, keinen Hinweis darauf, wohin sie uns fahren würden.

Bis wir an einem sehr hohen eisernen Tor ankamen. Bevor wir hineinfuhren, öffnete es sich, und das qualvolle Quietschen verursachte mir Gänsehaut. Mit zusammengebissenen Zähnen blickte ich durch den gepflegten Garten, der mit einem imposanten Labyrinth in der Mitte des Parks geschmückt war. Nach einer Kurve erstreckte sich ein großes Gebäude im Barockstil vor unseren Augen. Mit seinen vielen Treppen, die ins Auge fielen, betrachtete ich die spektakuläre Aussicht mit respektvoller Miene. Die Dächer erschienen äußerst altertümlich und erforderten meiner Ansicht nach eine gründliche Renovierung. Die Wände waren verziert mit Löwenköpfen und hochmütigen Engeln, bewehrt mit Schwertern, während ihre wunderschönen, aus Beton gegossenen Flügel sie anmutig und majestätisch erscheinen ließen. Ihre gesamte Präsenz und Strahlkraft schienen aus einer anderen Epoche zu stammen, wenn nicht gar aus einer anderen Welt. Ein Ort, den ich nicht mehr ausfindig machen konnte.

Mein Magen verkrampfte sich, als der Bus vor dem Haupteingang zum Stehen kam. Eilig strömten mehrere Leute aus dem Gebäude und formten eine Reihe, um uns zu begrüßen. Mit militärischer Haltung und ernstem Gesichtsausdruck standen sie vor dem Gebäude und warteten darauf, dass wir ausstiegen. Niemand rührte sich, bis der Fahrer uns aufforderte, das Fahrzeug zu verlassen. Mein Körper fühlte sich an, als wäre er in Watte gepackt, da ich nicht wusste, ob wir möglicherweise für immer an diesem Ort bleiben sollten. Als ich ausstieg, sorgte ich mich, ob jemand bemerkt hatte, wie schlecht es mir in diesem Moment ging. Plötzlich kam ein älterer Mann die Treppe herunter, um sich mit einem anderen Mann zu unterhalten. Mein Gesicht brannte vor Neugier, worüber sie sprachen. Der ältere Mann nickte dann und sagte knapp zu uns: „Herzlich willkommen in unserer Schule. Ab heute fängt für euch ein neues Leben. Wir fangen gleich mit der Abschreibung an, wir haben keine Zeit für irgendwelche Zeremonien und Eitelkeiten. Geht langsam rein, einer nach dem anderen.“

Von Weitem sah ich eine elegante Frau am Eingang stehen, die uns mit einladendem Blick musterte. Das Erste, was meine Aufmerksamkeit erregte, bevor ich an der Reihe war, waren die blanken weißen Fliesen auf dem Boden. Der Glanz einer Leuchtkrone aus Kristallen spiegelte sich von da und ließ die Lobby noch größer erscheinen. Die Treppen, bedeckt mit einem roten Teppich, führten bis zur oberen Etage des Gebäudes. Die Wände waren mit grün gemusterten Tapeten geschmückt und mit zahlreichen Gemälden verziert. Diese zeigten Szenen aus Natur, Religion, Astronomie, Kunst und dem menschlichen Körper in verschiedenen Posen und Positionen, darunter Sport, Tanz und Berufe aus allen Lebensbereichen und Altersgruppen. Es gab sehr viele Bilder für ein Gebäude, als würde der

Raum hier versuchen, das menschliche Auge zu täuschen.

„Herzlich willkommen", sagte die Frau zu mir mit einem halben Lächeln. Sie hielt in der linken Hand ein Tablett mit einem Notizbuch und in der anderen einen Stift. Auf ihrer Uniform trug sie ein Namensschild, auf dem „Stella" geschrieben stand.

„Danke, Stella", sagte ich kühl, doch meine Augen verfolgten jedes Detail, das in meinen Blickwinkel kam.

„Wie ist Ihr Name?", fragte sie mich und hob eine Augenbraue.

„Sind Sie eine Professorin hier?" Mein strategischer Versuch, sie abzulenken, schien gescheitert zu sein, als mir klar wurde, dass ich mich nicht an meinen Namen erinnern konnte. Ich schloss die Augen und legte mir eine Hand auf die Stirn, doch kein einziger Gedanke drang aus meinem Innersten. Die Frau wartete geduldig und bat mich höflich, zur Seite zu gehen, damit die anderen ungehindert hereinkommen konnten.

„Ihr Geburtsdatum?", erinnerte sie mich dieses Mal.

„Natürlich, ich bin geboren am ..." Ich hielt inne. „An einem Wintertag, oder so. Bitte entschuldigen Sie, das ist so peinlich." Ich wusste nicht, wohin meine Erinnerungen verschwunden waren. Ich erinnerte mich an alles, seitdem ich ins Krankenhaus gekommen war. Doch davor war alles ausgelöscht, als hätte ich kein Leben gehabt.

„Erinnern Sie sich an irgendetwas? An Ihr Zuhause oder Ihre Familie?“, fragte sie plötzlich, während ich sie verschwommen sah und die Panik in mir ausbrach. Ich atmete mühsam, mein Mund war so trocken, dass ich ihn mit der Hand verdecken musste. Am liebsten hätte ich mich ganz versteckt.

Die Frau nahm einen blauen Anhänger von einem Mann entgegen. „Das nehmen Sie mit“, sagte sie mit einem Lächeln.

Mit zitternden Händen nahm ich ihn entgegen und las laut vor: „Ethan White. Jahr: 1. Akademie: Schule des Lebens. Status: Elite.“

„Herzlich willkommen in der Schule des Lebens, Ethan White“, flötete sie zufrieden, und in diesem großen Moment vergaß ich augenblicklich alles, was ich vergessen hatte. Ich hängte mir das Namensschild um den Hals, und mit diesem einfachen Akt begann mein neues Leben. Es wirkte auf mich wie ein Elixier, eine neue Kraft, und Energie durchströmte meinen ganzen Körper, als hätte ich meinen ersten Atemzug getan. Dieses Schild ersetzte alles, was ich bisher verloren hatte. Ich fühlte mich großartig und war bereit, in eine neue Welt einzutreten.

9. DOMINOSTEINE

Nach allem, was ich heute in meinem Kontrollraum gesehen hatte, ahnte ich, dass Gabriel nicht mehr an diesem Ort war. Er hatte versagt, und ich war der Nächste, der diesen Ort verlassen würde. Ich hing an einem seidenen Faden und bald würde er nicht mehr standhalten können.

Ich spielte das Video immer wieder von Anfang ab, aber nichts ergab einen Sinn. Zwei zerstörte Autos standen auf dem Maisfeld. Ich sah mich selbst, wie ich mühsam mit letzter Kraft verletzt aus dem Auto auf allen vieren kroch. Der Rauch war überall, und ich beschützte meinen Rachen, indem ich meine Hand auf die Lippen legte.

Ich sah noch Gabriels Schützling, wie er mit einer Waffe auf mich zielte, und hier endete die Aufnahme. Die anderen Monitore zeigten, dass ich immer noch in einem Krankenhaus war. Die Frau kam in mein Zimmer und gab mir einen Kuss auf die Stirn. Ein vertrautes Gefühl überwältigte mich und ich lehnte meinen Kopf mit der Hand auf dem Tisch ab. Könnte sie vielleicht auch meine Mutter gewesen sein? Aber ich konnte mich nicht an sie erinnern.

Wenn Vergangenheit und Gegenwart kollidieren, entsteht eine Explosion, die nur eine Mikrosekunde dauert. In dieser Zeit bereitet sich die Gegenwart darauf vor, sich in eine Zukunft zu verwandeln, die noch nicht geschehen ist. Sie ist eine Leinwand, verdeckt mit einem Vorhang, wie in einem Kino. Dank der Explosion wird der Vorhang zur Seite geschoben und eine neugeborene Gegenwart offenbart sich. Im ganzen Universum entstehen unsichtbare Dominosteine, die mit der Zeit miteinander verknüpft sind. Sie entfalten ihr prachtvolles Muster in Lichtgeschwindigkeit. Ständig transformierend, zeigen sie uns den Zyklus an, der mit jedem einzelnen Tag voranschreitet. Wie viele Tage sind vergangen seit dem ersten Tag bis heute? Unser Verstand kann das nicht erfassen. Dieses gewisse Etwas, auch eine Macht oder Würfel genannt, bewies große Geduld, damit wir heute hier sind, wo wir sind. Wir lebten nicht vor Tausenden von Jahren, nicht vor Jahrzehnten, sondern wir leben im JETZT. Was für ein Glück und Geschenk wir haben. Aber das ist nicht alles. Es gibt noch anderen Realitäten als diese hier. Und das geschieht in einem viel schnelleren Tempo. Ob es einen Plan im Universum gibt, das wusste ich nicht. Aber ich wusste, dass die Zeit verletzlich ist und nicht darauf wartet, ob wir für manche Dinge bereit sind. Sie fließt individuell für jeden Menschen. Was für ein Privileg und was für ein Potenzial das ist. Es ist kein Zufall, dass wir die Momente in unterschiedlichem Tempo erleben. Und meines war so schnell, dass mir übel wurde. Ich fühlte mich, als säße ich auf einem Karussell, das sich unaufhörlich drehte, und wartete darauf, dass es endlich zum Stillstand käme. Jede Sekunde hätte mein endgültiges Ende bedeuten können.

Den ganzen Tag beobachtete ich mich selbst, wie ich in dieser eintönigen Atmosphäre lebte. Die Ärzte und Krankenschwestern kamen ständig ins Zimmer und gingen wieder. Tag für Tag, immer das Gleiche.

Zwischendurch schaltete ich die Monitore von Aurora ein. Ihr Verhalten war ein wenig seltsam und besorgt; mit ihren Augenringen wirkte sie sehr müde. Wir verbrachten keine Zeit mehr miteinander. Es gab nichts mehr, was uns verband. Doch wenige Stunden später nahm sie ein Blatt Papier aus ihrer Aktentasche und ging ins Krankenhaus. Endlich besuchte sie mich in diesem traurigen Zimmer. Sie setzte sich neben mein Bett und blickte lange aus dem Fenster. Tief in Gedanken versunken nahm sie ihr Handy aus ihrer Chanel-Tasche. Plötzlich flackerte der Bildschirm und der Ton verwandelte sich in ein kreischendes Geräusch. Wenige Augenblicke später war die Störung verschwunden, gerade, als sie mit dem Telefonieren fertig war. Dann stand sie gedankenverloren auf und ging nach draußen. Mit dem Aufzug fuhr sie zwei Stockwerke nach unten in die Neurologieabteilung. Sie ging in die Umkleidekabine und öffnete einen Schrank, auf dem ihr Name stand. Mir stockte der Atem. Was war passiert? Ich hatte keinen vollständigen Zugang zu ihrem Leben. Das, was ich gesehen hatte, war nur ein Bruchteil dessen, was alles geschehen war. Ich wusste nicht, dass sie in einem Krankenhaus arbeitete. Sie nahm ihren weißen Kittel und zog ihn an. Dann hängte sie ihr Namensschild um und setzte sich auf die Bank. Sie vergrub ihr Gesicht in den Händen und wirkte benommen. Ich zoomte auf ihren Mantel und wartete, dass sie sich aufrichtete. Ich wartete nicht lange. Ein paar Minuten später richtete sie ihren Oberkörper auf und ein Kloß im Hals raubte mir die Kraft. Ihr Name war mit einem Doktortitel vervollständigt.

Ich erholte mich von dem ersten Schock und wie in einem weißen Nebel getränkt, hörte ich ihre Stimme: „Hallo Professor Schwenk, ich habe lange darüber nachgedacht. Schalten Sie die Geräte meines Mannes aus.“ Es folgte eine wie in Zeitlupe gedehnte Pause. Bevor ich ohnmächtig wurde, versuchte ich mit aller Kraft, das Gespräch bis zum Ende zu hören. „Ja, ich bin absolut sicher. Bitte informieren Sie seine Mutter. Nein, ich möchte nicht dabei sein.“

Wieder eine leere Stelle, die mein Herz auseinanderbrechen ließ. Ich hatte noch die Hoffnung, dass der Arzt Einwände erheben würde. Vielleicht gab es noch eine Chance zu überleben. Mein Überlebenswille war stärker als jemals zuvor. Ausgerechnet eine Frau sollte über mein Leben entscheiden. Lebhaft sah ich all die schönen Dinge, die es auf der Erde gab: die Sterne und den Himmel, Poesie und

Sonnenuntergänge. Ich war so fokussiert auf meine Entscheidung, dass ich vollkommen vergessen hatte, dass Aurora meine Frau war. Gabriel war nicht mehr da und ich würde bald auch woanders verlegt werden. Umsonst hatte ich mich hier eingelebt, ich würde wieder woanders hinziehen müssen. Das durfte nicht passieren, aber einen Plan, wie ich das machen sollte, gab es nicht. Und dann kam wie aus dem Nichts die Idee. Ich hatte noch wenige Stunden, um etwas zu versuchen. Ich stand auf und tastete nach meiner Eintrittskarte in meiner Jeanstasche. Ich rannte nach draußen, so schnell ich konnte. Denn viel Zeit hatte ich nicht.

10. ALLES VERBUNDEN

„Das wollte ich dir zeigen“, sagte Gabriel, während ich nach einem Hot-Dog-Stand Ausschau hielt. „Hörst du mich überhaupt?“, zischte er, als er bemerkte, dass ich in diesem unbekannten Teil der Innenstadt orientierungslos war.

„Was? Wo sind wir überhaupt?“, fragte ich irritiert. So hatte ich mir den Nachmittag nicht vorgestellt, denn ich hatte großen Hunger. Das Gebäude, zu dem er schaute, erinnerte mich an eine Akademie, mit dem Unterschied, dass diese klassische Architektur sich in der Weißstraße in der Innenstadt befand.

„Aber das ist ein Museum“, versuchte ich, ihm klarzumachen. Er wusste, dass ich ein einfaches Leben bevorzugte, ganz ohne Schnickschnack.

„Richtig! Komm, wir müssen uns anmelden“, sagte er und zeigte auf das Gebäude.

Ich rollte gelangweilt mit den Augen, denn ich hatte keine Lust, dorthin zu gehen. Ein Mann mittleren Alters saß am Eingangsschalter. Er hatte graue Haare und sein freundliches Gesicht verriet, wie sehr ihm dieser Ort am Herzen lag.

„Hallo Gabriel! Du hast deinen Freund endlich mitgebracht,“ sagte er, als er uns sah, und seine Miene erhellte sich augenblicklich.

„Das ist Ethan. Ethan, das ist Paul.“

„Freut mich“, sagte ich und schaute mich mit großen, neugierigen Augen in der alten Einrichtung um. Für ein Museum war es nicht sehr groß, aber es roch nach Vergangenheit und hatte eine besondere Atmosphäre mit seinem glänzenden Marmorboden und den matten, grünen Tapeten. Paul kam aus seinem Schalter heraus, der unter der Treppe auf der rechten Seite des Eingangs lag. Er führte uns durch die Gänge bis zum Aufzug. „Und wie geht es dir, Gabriel?“ fragte er, als wir eingestiegen waren, und drückte auf die dritte Etage.

„Danke, Paul, es geht mir gut. Es ist an der Zeit, dass wir Ethan etwas zeigen.“

Erschrocken blickte ich auf das Display. „Hier gibt es zehn Stockwerke unter der Erde?“, stellte ich überrascht fest. „Das sind viele für so einen kleinen Aufzug.“

Paul blickte mich amüsiert an und rückte seine runde Brille von der Nase weg. „Noch vor hundert Jahren waren es dreißig, mein Lieber. Die Welt schrumpft langsam“, sagte er mit seinem ironischen Unterton.

„Wie denn? Wie kann die Welt schrumpfen?“ wollte ich wissen.

„Die Natur, Ressourcen, menschliche Beweglichkeit und Mut, Freude und neue Ideen. Es hat angefangen mit Waschmaschinen, Computern, Handys, und die KI hat ihr Übriges getan. Das Ergebnis ist die menschliche Rasse, die nur noch unzufrieden ist."

Auf dem Display war die Nummer drei zu sehen, danach folgte ein digitaler Piepton. „Wir sind da", bestätigte Paul unsere Ankunft.

Der Aufzug öffnete sich und ich sah einen riesigen Raum, etwa so groß wie drei Fußballstadien und so hoch wie ein zehnstöckiges Gebäude. Wir gingen auf eine Terrasse hinaus und blickten auf die gesamte Umgebung, denn wir befanden uns in mittlerer Höhe. Dieser Balkon war rund und streckte sich in die Länge, unter uns lagen weitere Etagen und noch mehrere über unseren Köpfen. Rund um uns gab es Hunderte Aufzüge, alle etwa in sieben Meter Länge. Ein multidimensionales Museum, dachte ich. Umsonst, denn wir waren die Einzigen hier.

„Was braucht ihr?", fragte uns Paul.

„Nichts. Ich wollte nur Ethan zeigen, wo sich die Speicher befinden."

„Aber hier gibt es nichts außer dem leeren Raum", protestierte ich, während ich meine Stimme verlor. Panik verbreitete sich langsam in mir, ich mochte es nicht, an fremden Orten Zeit zu verbringen. Paul und Gabriel tauschten lächelnde, verschwörerische Blicke aus. „Darf ich vorstellen? Omnia Nexus breitet sich vor uns aus. Für menschliche Augen unsichtbar, nicht größer als ein Sandkorn, enthält es dennoch das gesamte Archiv jedes Menschen von

Geburt an. Alles, was einen Menschen ausmacht, was er gelernt und erlebt hat.“

Mit einem Funkeln in den Augen erzählte Paul dies in einem Atemzug. Das bedeutete, dass dieser Ort für die Menschheit von großer Bedeutung sein musste, was mich noch unruhiger machte. „Aber warum kann man das alles nicht sehen?“, wollte ich wissen.

„Was weiß ich?“, erwiderte er.

Ich verdrehte die Augen. Was für eine Zeitverschwendung, hier zu sein. „Ich finde das alles sehr interessant, aber können wir jetzt gehen?“ Mir reichte es. Ich lockerte mein Hemd, in der Hoffnung, nicht ersticken zu müssen.

Doch Gabriel ignorierte all meine Anzeichen eines bevorstehenden Zusammenbruchs. „Ich wünschte, ich könnte sie sehen. Diese winzigen Sandkörner. Welche Farben haben sie? Wie fühlen sie sich unter den Fingern an? Ich kann sie alle vor mir sehen, all diese Perlen in einem Meer vor meinem inneren Auge“, sagte er und blickte tief in seine Gedanken versunken gerade vor sich hin.

„Aber wer hat sie hier platziert?“ Obwohl ich langsam an allem zweifelte, stellte ich trotzdem die Frage.

„Das weiß niemand, mein Freund. Sie waren schon immer da, genau wie dieses Museum. Aber wenn du mich fragst, dann waren es die Menschen. Auch wenn es nicht absichtlich geschah, hinterlässt jeder Mensch ein Echo. Nichts geht verloren, nicht einmal Gedanken, Erinnerungen oder Taten. Alles ist hier, und es ist gut, dass wir es nicht immer sehen können. Alles pulsiert in einem ewigen Leben. Omnia Nexus – alles verbunden. Jeder von uns ist mit seinem Omnia verbunden. Sogar durch die Monitore, die ihr benutzt."

Ich hörte Gabriel aufmerksam zu. „Und was befindet sich auf den anderen Stockwerken?", fragte ich, fest entschlossen, alle Mysterien dieser Welt zu lösen und zu verstehen.

„Auf der ersten Etage befinden sich Pflanzen und Tiere aller Art, die ausgestorben sind, und auf der zweiten Etage befinden sich Arten, die noch nicht entdeckt wurden. Du fragst dich vielleicht, ob dafür genügend Platz ist, aber mach dir keine Sorgen. Dieser Raum existiert nicht wirklich, alles nur Tricks", erzählte Paul und lehnte sich dabei an das Geländer aus Glas. Dann erklärte er einfach weiter: „Auf einer Etage sind Kunstwerke aus der ganzen Welt, Literatur und andere kulturelle Werke. Auf einer anderen Etage befinden sich Werke aller Art, die in der Zukunft geschaffen werden sollen. Ich weiß nicht mehr genau, es ist schon lange her, dass ich dort war." Er schwieg und blickte nachdenklich in die Weite, seine Stirn voller kleiner Falten. Ich konnte nicht anders, als nur noch über diese neuen Informationen nachzudenken, und das konnte man mir deutlich ansehen.

„Nur 30% der Kunst erblickt das Tageslicht, der Rest bleibt hier vor der Welt verborgen“, erklärte Paul. „Mit der Wissenschaft ist es genauso, aber frag mich nicht, auf welchen Stockwerken sich das alles befindet. Es gibt viele talentierte Menschen, und sie wissen es nicht. Sie bleiben unentdeckt, manche geraten auf die schiefe Bahn, viele fallen den Umständen zum Opfer. Jeden Tag geschieht das, Menschen nutzen nicht ihr volles Potenzial.“

Ich musste unwillkürlich an Aurora denken. Ich hatte ihr die Träume genommen. Bei diesem Gedanken wurde mir übel.

„Geht es dir gut?“ fragte Gabriel, Sorgenfalten bilden sich auf seiner Stirn.

„Ja, sicher. Mir geht es gut. Darf ich fragen, ob die anderen Räumlichkeiten auch so leer sind wie diese hier?“

„Nein, das sind sie nicht. Wenn ihr wollt, können wir sie uns ansehen. Was interessiert euch?“, fragte Paul und führte uns zum Aufzug.

„Vielen Dank, aber ich bin schon sehr überfordert und brauche eine Pause, am besten mit einem Hamburger und Pommes“, erwiderte ich und überlegte, welchen Knopf ich neben dem Aufzug drücken sollte. Es gab viele leuchtende runde Kreise, die man berühren konnte. Sie waren alle identisch klein, und jeder hatte seine eigene Farbe.

Ein Schauder lief mir über den Rücken, als mir klar wurde, dass wir auf die Hilfe dieses Mannes angewiesen waren, um überhaupt hier herauszukommen. Doch er tat nichts; die Türen öffneten sich automatisch. Wir traten ein, und ich war überwältigt von der fremdartigen Atmosphäre. Dieser Ort war für mich sehr interessant und ist es immer noch, wenn ich heute daran denke.

„Ich habe noch eine Frage. Wenn ich hier etwas erschaffe, erscheint es dann auf der Erde?“, fragte ich.

„Natürlich. Alles, was du kreieren möchtest, erscheint dort. An diesem Ort ist alles entstanden, was es heute auf der Erde gibt. Aber dieser Ort hier ist auch die Erde“, erwiderte Paul und beobachtete das Display neben der Tür. Ich ließ alles Revue passieren, und ein Hoffnungsschimmer keimte in mir auf, dass ich doch nicht verloren wäre. Denn wie Paul schon sagte: „Nichts ist verloren.“

Vielleicht würde ich eine Lösung finden; es schien, dass nichts mehr für mich unmöglich wäre.

11. CUBE

Die ersten Tage in der Akademie waren nicht so verlaufen, wie ich es mir gewünscht hatte. Diese Schule war nicht irgendeine Institution, sondern etwas ganz Besonderes. Sie befand sich an einem mir fremden Ort, und außerdem war ich ein Neuling. Ich versuchte verzweifelt, Freunde zu finden, aber sie alle waren zurückhaltend, manche abwesend und tief in ihren Gedanken verloren. Sie wirkten wie ferngesteuert, und ich glaube, dass sie sehr traumatisiert waren. Nachts, wenn ich in meinem Bett lag und zu schlafen versuchte, dachte ich über alles nach, nur an meine Vergangenheit konnte ich mich überhaupt nicht erinnern. Ich hatte mein eigenes Zimmer mit einem runden Fenster, aus dem ich nachts die Sterne beobachten konnte. Es hatte etwas Unheimliches, in die flackernden Sterne zu schauen. Gleichzeitig gaben sie mir ein tröstliches Gefühl, dass ich meine Aufgaben hier erfolgreich erledigen würde.

Eines Tages klopfte ich während des Unterrichts laut mit meinem Finger auf den Tisch. Ich wollte nur überprüfen, ob ich einen freien Willen hatte. Unsere Professorin blickte mich mit ihrer strengen Miene an und zeigte mit dem Zeigefinger Richtung Tür. „Ethan, geh zum Direktor. Ich habe dich schon genug ermahnt, es reicht."

Mit gesenktem Kopf und triumphierendem Herzen verließ ich die Klasse, ohne zu ahnen, dass ich nie wieder als Schüler dieser Klasse zurückkommen würde. Um noch sicherer zu sein, ob ich einen freien Willen habe, klopfte ich an die Tür, während ich über meine Worte nachdachte.

„Komm rein", hörte ich die tiefe Stimme des Direktors. Ich öffnete die Tür und trat schüchtern ein, meinen Blick auf einen älteren Mann gerichtet. Ich wartete nur darauf, mich auf den Stuhl zu setzen. „Guten Tag, ich wurde hierhergeschickt", sagte ich, wobei ich den Text, den ich auswendig gelernt hatte, komplett vergessen hatte. Doch anstatt mich zum Stuhl einzuladen, beugte er sich über seinen Schreibtisch und fragte mich mit ruhigem Ton: „Das letzte Mal bist du plötzlich aufgestanden und hast geschrien, das vorletzte Mal hast du die Professorin kritisiert, weil sie angeblich keinen guten Anfang für den Unterricht hatte, und heute klopfst du an den Tisch. Warum machst du so etwas?"

Diese Frage hatte ich nicht erwartet. Ich überlegte schnell, aber nichts Kluges kam mir in den Sinn. Ich schluckte schwer und betrachtete seinen perfekt ordentlichen Schreibtisch aus hochpoliertem, dunklem Holz. Alles hier roch nach alten Büchern und noch mehr nach Holz. Hinter ihm befand sich ein Fenster mit Ausblick auf den grünen Wald. Um uns herum standen Regale, vollgestopft mit Wissen aus aller Welt. Klug musste er sicher sein, wenn er all diese Schriften gelesen hatte. Aber er wartete nicht auf meine Antwort. Stattdessen gab er mir eine schriftliche Einladung auf einem Blatt Papier, als hätte er schon gewusst, dass ich auch heute vorbeikommen würde.

„Herzlich willkommen auf der Erkundungstour", war mit schwarzer Tinte in feiner Schrift geschrieben. „Du bist jemand ganz Besonderes. Damit du dich nicht weiter langweilst, darfst du an der Erkundung teilnehmen, zusammen mit anderen Schülern. Aber ich warne dich: Wenn du dich nur noch einmal nicht normal verhältst, fliegst du raus. Verstanden?"

Nachdem ich flüchtig überlegte, wohin ich überhaupt rausfliegen sollte – ich war schließlich zufällig hier und hatte mich nicht beworben, noch einmal in eine Schule zu gehen, jetzt, wo ich erwachsen war –, nickte ich bestätigend. Ich hatte keine andere Wahl mehr.

Er achtete nicht auf mein Zeichen; mich ignorierend nahm er seine fette Zigarre, drehte sich mit seinem Stuhl zum Fenster und entspannte sich. Ich kroch langsam und vorsichtig nach draußen, im Glauben, dass es am besten sei, vollkommen unsichtbar und unauffällig zu sein. Schließlich kam ich zu der Erkenntnis, dass wir doch einen freien Willen haben. Das ist ein gutes Gefühl für die Zukunft. Ich atmete tief ein und während ich durch die Gänge ging, hatte ich Vorfreude auf meine Abenteuer. Denn diese Erkundungstour hörte sich vielversprechend an. Ich war so aufgeregt, dass ich in dieser Nacht nicht schlafen konnte, denn ab dem kommenden Tag würde für mich alles anders sein. Aber das, was ich später erleben sollte, konnte ich in meinen kühnsten Träumen nicht erahnen.

Noch bevor die anderen Schüler meiner ehemaligen Klasse kamen, war ich sehr früh am kommenden Morgen bereits da. Die Professorin schaute sich die Hefte der Studenten an. Liebevoll blätterte sie durch die bunten Seiten, und ich blieb am Eingang stehen, fest entschlossen, unsichtbar zu sein. Ich wollte sie nicht dabei stören, wie sie konzentriert die Aufgaben bewertete. Alle Arbeiten landeten auf ihrem Tisch, die fertigen jedenfalls. Ich war mir sicher, dass sie alle perfekt geschrieben, gelöst und schön illustriert waren. Sie prüfte sie sehr schnell, fügte nach jeder Arbeit ihre Unterschrift hinzu und war damit fertig. Bis zu einem Werk. Plötzlich nahm sie eine aufrechte Haltung ein, der Rücken kerzengerade, und in ihren Augen zeichnete sich Faszination ab. Immer noch vom Eingang aus hatte ich das Bedürfnis, sie nicht zu stören. Von wem korrigierte sie die Arbeiten? Wie viele Klassen unterrichtete sie? Ihre Augen leuchteten, und ihre Mundwinkel verwandelten sich in ein Lächeln, während sie das Heft eines Schülers begutachtete. Langsam hob sie ihr Gesicht in meine Richtung.

„Guten Morgen, Ethan. Du bist schon da?“, sagte sie und legte behutsam die Notizen auf ihren

Schreibtisch. Sie legte sie offen hin, was darauf hindeutete, dass sie später noch einmal hineinschauen wollte.

„Guten Morgen, Professorin“, hauchte ich und trat hinein. Hastig nutzte ich die Gelegenheit und warf einen Blick auf die offene Arbeitsunterlage. Irritiert staunte ich über das, was ich gerade sah. Die zwei Seiten waren unordentlich; darauf waren Buchstaben, die jemand sehr mühsam geschrieben hatte, offensichtlich von einem Kind aus der Grundschule. Die Ecken waren im freien Stil bekritzelt, das Kind musste sich während des Unterrichts sehr gelangweilt haben. Sie musterte mich und gab mir genügend Zeit, um es zu begutachten. Dann fügte sie hinzu: „Unsere archivierten Schätze sind frisch aktualisiert. Unsere Akademie braucht sie für die weiteren Entwicklungen unserer Studenten. Dieses Kind hier“, sie zeigte auf die offenen Seiten und sagte weiter, „ist frei. Es hat keine Zeit, sich mit unnötigen Dingen zu beschäftigen, weil es von Anfang an schon große visionäre Träume erschaffen hatte.“ Mit funkelnden Augen schaute sie auf den Stapel und tippte liebevoll mit dem Finger auf die Oberfläche eines zerkratzten Papiers, das mit kindlicher Schrift den Namen Mia trug. Alle bisherigen Überzeugungen über den Sinn des Lebens, Erfolge und existenzielle Probleme fielen wie ein Kartenhaus zusammen.

„Ich weiß Bescheid, du gehst in eine andere Klasse. Herzlichen Glückwunsch, ich habe gewusst, dass du weiterbefördert wirst, aber das bedeutet nicht, dass du besser als die anderen bist“, sagte sie in einem ruhigen Ton, der mich einschüchterte.

Plötzlich wurde ich unsicher; niemand hatte mir bisher so etwas gesagt. Auch ohne Erinnerungen konnte ich das behaupten.

„Aber du kommst uns besuchen?“, fragte sie mich mit einem Lächeln im Gesicht.

„Klar, das werde ich“, war meine knappe Antwort. Ich wusste immer noch nicht viel über meine Stärke und war mir nicht sicher, ob mir diese neue Wendung dabei helfen würde, sie herauszufinden. Aber ich empfand Freude, fast, als wäre ich wieder ein Kind.

Sie stand auf und nahm meine Hand. „Du schaffst das!“ Es hörte sich an wie eine Formel, deren Klang ich immer noch höre. Egal, wohin ich gehe oder was ich mache, diese Worte schlummern immer noch in meinem Herzen, seit dem Moment, als ich das Klassenzimmer verließ. Wir sind alle gleich, auch wenn wir unterschiedlich sind; wir haben die gleiche Größe. Mein Weg hatte gerade erst begonnen, und mit voller Vorfreude tauchte ich in ein neues Kapitel.

Auf einem Monitor sah ich die Rückblende, die stattgefunden hatte, die ich jedoch aus mir unbekannten Gründen umprogrammiert hatte. Aurora erhält ihre goldene Medaille und steht auf dem Siegerpodest. Sie sieht bezaubernd aus in ihrem schwarzen, glitzernden Kleid, während das Publikum jubelt und Blumen sowie Kuscheltiere aufs Eis wirft. Sie wischt sich eine Träne aus dem Auge, und ich bereitete mich auf das Ende ihres großen Momentes vor. Wenige Minuten später erlosch das Bild. Die Neuprogrammierung war abgeschlossen. Ich spulte zurück und sah es mir noch einmal an. Hatte ich damals das Richtige getan?, fragte ich mich erneut. Damals fühlte es sich wie die richtige Entscheidung an. Irgendwann würde sie enttäuscht sein und möglicherweise scheitern, und wenn das passieren würde, dann wäre auch ich gescheitert.

Danach schaltete ich zu Aurora in der Liveaufnahme. Sie saß an ihrem Schreibtisch und arbeitete an ihrem Laptop. Es war bald so weit. In wenigen Minuten sollten die Ärzte die Apparate abschalten. Es gab keine Hoffnung für mich.

Plötzlich klingelte mein Telefon. Ich war versucht, nicht dranzugehen, aber vielleicht war etwas Wichtiges passiert. „Hallo“, meldete ich mich.

„Ethan? Wie geht es dir gerade?“, hörte ich die Stimme meines Chefs.

„Es geht mir gut. In wenigen Minuten bin ich nicht mehr da.“

„Mach dir keine Gedanken. Es wird alles gut gehen“, fügte er hinzu.

Manchmal hatte ich das Gefühl, ich war in einem Film oder so etwas.

„Hast du mich deswegen angerufen, um mir das zu sagen?“ Die Ironie war nicht zu überhören.

„Entspann dich. Ich muss leider unterbrechen. Ich habe einen Notfall hier. Ich wünsche dir alles Gute und grüße Gabriel von mir, wenn du ihm begegnest.“ Er legte auf, bevor ich meinen Mund aufmachen konnte. Verblüfft blickte ich auf die Kopfhörer und stellte fest, dass sich mein Chef keine Sorgen um mich machte. Vielleicht hatte ich damit etwas übertrieben. So oder so hatte ich noch ein paar Minuten Zeit. Was danach kommen würde, wusste ich ehrlich nicht. Ich lehnte mich in meinen Sessel und folgte dem Rat. Ich schaltete alles aus und wartete auf mein Schicksal.

Ich erinnerte mich an meinen großen Tag, dem ersten auf der Erkundungstour meiner Akademie. Aufrecht und mit Funken in den Augen kam ich von meiner Professorin Stella aus dem Klassenzimmer. Zwanzig Schüler warteten draußen mit mir, und zusammen bildeten wir eine neue Klasse. Jeden Tag wurden wir mit einem Bus zu verschiedenen Schauplätzen gebracht, verbrachten dort Zeit und wurden von vielen Professoren unterrichtet. Unser Lernstoff war so intensiv, dass ich mich oft fragte, woher so viel Wissen kam. Welcher Zufall war es, dass mein Leben jetzt in der Gegenwart stattfand? Was für ein herrliches Gefühl war das.

Ich war so neugierig auf die neue Welt und sehr ungeduldig, weil sie sich ständig veränderte und immer wieder neue Erfindungen hervorbrachte, dass ich meine wahren Wurzeln die ganze Zeit ignorierte. Ich interesierte mich nicht mehr dafür, woher ich eigentlich kam. Noch weniger, wer meine Familie und Freunde waren und wo sie sich jetzt befanden. In der Akademie erlebte ich die glücklichste Zeit meines Lebens, und jetzt war ich wieder hier – an der Schwelle neuer Wege einer niemals endenden Reise ins Abenteuer und unbekannte Welten. Und so war ich auf der ersten Erkundungstour mit meiner neuen Klasse. Unser Bus blieb vor einer riesigen schwarzen Kuppel stehen, die die ganze Umgebung mit ihren Spiegelungen verschlang. Sie musste eigentlich so groß sein wie eine Stadt, aber sie war eher wie ein internationaler Flughafen, mit unzähligen kleinen Straßen für Elektrofahrzeuge und Fußgängerzonen, in denen Menschen in weißen Overalls irgendwohin eilten. Rund in jedem Kreisverkehr befand sich eine Grünfläche, damit dieser Platz auch etwas Farbe bekam. Ich betrachtete das Schauspiel mit großen Augen; wie ein Kind war ich kurz davor zu platzen.

Eine Stimme meldete sich durch die Sprechanlage: „Liebe Studenten, herzlich willkommen auf der Sternenpromenade. Wir befinden uns gerade fünfzig Kilometer südlich von der Schule des Lebens. In diesem einzigartigen Bauwerk werden

Zukunftspläne aufgestellt und sorgfältig organisiert. In diesem architektonischen Wunder arbeiten zweitausend Mitarbeiter, darunter zweihundert Wissenschaftler aus der ganzen Welt. Dank moderner Technologien dauerten die Bauarbeiten nur zweiundachtzig Jahre. Es ist das erste und einzige Werk unserer Zeit, das in einer vierdimensionalen Ebene hergestellt wurde. Es befindet sich an einem energetischen Punkt unseres Planeten, an dem sich Raum und Zeit miteinander verbinden. Dies ist auch der einzige Ort in unserer vertrauten galaktischen Heimat, an dem künstlich vier Dimensionen erschaffen wurden. Aus Sicherheitsgründen ist es strengstens verboten, Handys und sonstige Technologien mitzubringen. Es ist nicht gestattet, durch die Straßen, Gänge und Räume zu laufen, und es wird empfohlen, sich nicht von der eigenen Gruppe zu entfernen. Wir wünschen euch einen angenehmen Aufenthalt in unserer Station. Euer Sternenpromenade-Team."

Die automatische Tür unseres Busses wurde entriegelt und wir gingen ruhig raus an die frische Luft. Ein glänzender Pfad aus schwarzem Marmor brachte uns zum imposanten Eingang. Das ganze Bauwerk verschmolz mit seiner einzigartigen Ausstrahlung und wurde eins mit der modernen Umgebung. Trotzdem wirkte alles wie Standard und gab einen Hinweis darauf, dass drinnen möglicherweise nichts Spektakuläres stattfinden könnte. Ich hatte das Gefühl, wir waren in einem Freizeitpark und bereiteten uns auf den Nervenkitzel vor. Ich wartete auch darauf, dass sich alles als eine Illusion entpuppte. Viele Erwartungen hatte ich nicht, denn alles war so schräg und unglaublich.

Ich versuchte, alles in mich aufzunehmen: die angenehme Wärme, die feinen Sonnenstrahlen, die unter die Haut gingen, und den unbekannten Geruch von schwarzem Sand. Die Aufpasser – schwarz gekleidete Männer – standen vor der Tür und scannten mit misstrauischen Blicken die Umgebung.

„Warst du schon mal hier?“, fragte mich eine junge Frau. Sie trug eine Sonnenbrille und ein Lächeln spannte sich über ihr schmales Gesicht.

„Nein“, war meine bescheidene Antwort.

„Das hier ist alles so krass. Schade, dass ich hier keine Fotos machen darf. Ich heiße Laura und bin eine Influencerin“, sagte sie, und für einen Moment war ich ein wenig verwirrt. Gibt es hier soziale Medien?, ging es mir durch den Kopf.

„Freut mich. Ich bin Ethan“, antwortete ich ohne jegliches Interesse an ihrem Hobby, als ein militärisches Flugzeug über unsere Köpfe flog. Die Eingangstür öffnete sich, und wir gingen ins Gebäude. Ich hatte das Gefühl, mich in einer Filmkulisse zu befinden. Eine riesige Lobby erstreckte sich vor uns, mit dunklen Wänden und einem schwarzen Boden, auf dem sich die Mitarbeiter in weißen Overalls spiegelten, während sie eilig irgendwohin gingen. Das ganze runde Objekt war verglast und über unseren Köpfen erstreckte sich die majestätische Milchstraße, als befänden wir uns mitten in einem galaktischen Raumfahrtzentrum. Noch immer unter Schock drehten wir uns im Kreis, um jeden Winkel besser sehen zu können. Die Emotionen sprühten aus unseren Augen, als wären wir kleine Kinder, bereit, in den Weltraum zu fliegen. Zwei Männer führten uns zur Scannerstation, die einer im Flughafen ähnelte. Nach dem Check-in bekamen wir die gleichen Overalls zum Anziehen und gingen zum Aufzug. Ich musste tief durchatmen, bevor ich eintrat. Ich ahnte, dass dieser Lift kein gewöhnlicher war. Die Metalltüren öffneten sich und der Raum dahinter war so groß, dass hier zehn Autos parken könnten. Die Wände waren mit anthrazitfarbenen Polstern überzogen, was mich leicht in Panik versetzte. Jetzt verstand ich, warum nur wenige Schüler hier ausgewählt wurden, um die Welt besser kennenzulernen, und nicht alle.

Plötzlich wurde der Boden unter meinen Füßen weggerissen, und ich umklammerte mich selbst, um mich irgendwie festzuhalten. Wir alle schwebten in der Luft, und mir wurde schlagartig klar, dass es keine Gravitation mehr gab. Unser Ziel musste sehr weit entfernt sein. Endlich ertönte wieder die elektronische Stimme: „Die Gravitation wird in wenigen Sekunden wieder sanft hergestellt. Herzlich willkommen in unserem Forschungszentrum

Rettungsshuttle und genießen Sie Ihren Aufenthalt in unserer Plan-B-Allee."

Und als der Countdown auf null war, landeten wir sanft auf dem Boden. Es folgte ein elektrisches Piepsen, und die schwere silberne Schiebetür öffnete sich geräuschlos. Kaum waren wir hinausgetreten, erblickten wir eine atemberaubende Aussicht. Niemand rührte sich, und das starke Licht von unzähligen Reflektoren blendete unsere Augen. In diesem Moment wurde mir klar, dass nichts mehr unmöglich war. Nicht einmal in meinen tiefsten Träumen hätte ich das sehen können, was wir an diesem Tag erlebten.

Jetzt saß ich in meinem Kontrollraum und wusste, dass sich in wenigen Minuten die Überlebensapparate ausschalten würden. Was dann passierte, wusste ich nicht. Schlagartig kam ich aus meinen Erinnerungen zurück und schaltete hektisch den Monitor ein. Das gleiche Krankenbett und die Ärzte wachten über mein Schicksal. Aurora war nicht da, aber eine ältere Frau weinte bitterlich neben meinem Bett. Ein Arzt versuchte, sie aus dem Zimmer zu bringen. Sie weigerte sich, aber dann kam ein weiterer Arzt, und die beiden führten sie hinaus. „Ich will hierbleiben", flehte sie, aber niemand kümmerte sich um sie. Die Tür schloss sich, und mein Hals und Mund waren so trocken, dass ich kaum noch schlucken konnte. Ein Arzt nahm ein Gerät aus einem schwarzen Koffer, der auf dem

Tisch neben dem Fenster lag. Es sah genau wie eine Pistole aus, und damit zielte er auf meinen Kopf. Bevor er den Abzug betätigte, las ein anderer Arzt das Protokoll von einem Blatt Papier vor: „Heute, am 20. Mai 2024, um 16:45 Uhr, wird die Deaktivierung des Implantats durchgeführt und die Datei wird sicher im Speicher der Firma Cube International aufbewahrt. Nach dem Zeitpunkt des Todes stehen die vollständigen Aufnahmen der Forschung zur freien Verfügung." Der Arzt faltete das Papier und sagte: „Die Deaktivierung kann stattfinden."

„Nein, nein, tu das nicht!", schrie ich den Monitor an, wohl wissend, dass mich niemand hören konnte. „Ich verbiete es! Das habe ich nicht gewollt. Ich erstatte Anzeige, wenn ich zurückkomme", flehte ich die Männer an, aber alle schienen ganz in ihre Arbeit vertieft zu sein.

Die Ärzte schalteten ein Gerät nach dem anderen aus. Der Herzschlag verwandelte sich in ein gleichmäßiges Summen und dehnte sich in die Ewigkeit aus. Zum ersten Mal in meinem Leben hatte ich die Kontrolle über mein Leben verloren; ich war verloren. Doch statt Dunkelheit und Nichts gab es Licht, eine Menge davon: strahlend, einladend und wunderschön. Ich war eingetaucht in ein Meer aus prickelnder, wie Wassertropfen fließender Energie, die meine Zellen zum Leben erweckte; wahres, reales Leben. Ich kann kaum in Worte fassen, wie mich die Geborgenheit und Leichtigkeit dazu brachten, all meinen Kummer zu vergessen. In diesem Meer aus Liebe schaltete sich mein Bewusstsein aus. Es war so dunkel und vollkommen leer, dass ein Nichts keine Bedeutung mehr hatte.

13. DAS RAUMSCHIFF

„Das ist unglaublich, was die Menschen gebaut haben“, sagte Laura und trat als Erste aus dem Aufzug auf die Terrasse. Ich folgte ihr, doch meine Knie wurden bleischwer, nach dieser dramatischen Schwerelosigkeit. Ich sammelte meine ganze Kraft, um nicht als Schwächling dazustehen. Der Raum vor uns kam mir seltsam vertraut vor, obwohl ich noch nie hier gewesen war. Vom glanzvollen Boden bis zur dunklen Glasdecke erstreckte sich ein riesiges Meisterwerk. Die Höhe war schwindelerregend, und der Ort so groß, dass kein Ende in Sicht war. In der scheinbaren Mitte des Raumes thronte majestätisch ein Raumschiff in all seinen prachtvollen Nuancen. Hunderte, vielleicht auch Tausende Mitarbeiter schoben Wagen, vollgestopft mit unbekanntem Zeug. Manche tippten auf ihren Tastaturen vor den eigenen Bildschirmen in ihren kleinen Stationen aus Stahl, als wären sie auf einer Messe. Jede fünfte Station hatte eine eigene Bodenfarbe, was darauf hindeutete, dass jede ihre spezielle Aufgabe erfüllte. Irgendwo in der Ferne blinkte ein rotes Licht, und die Nachbarn eilten zur Hilfe, bis der Notfall innerhalb weniger Minuten vorüberging. Mit offenem Mund beobachtete ich das ganze Spektakel, glücklich, Zeuge dieses historischen Ereignisses sein zu dürfen und damit Teil der menschlichen Geschichte zu werden. Anmutig nahm ich jedes Detail in mir auf. Feine horizontale Linien kreuzten sich mit vertikalen, die das gesamte Raumschiff durchzogen und zwischen den runden Fenstern verliefen, mit insgesamt sieben Stockwerken und einem Cockpit, das sich wie ein Wasserfall in den vorderen Teil ergoss. Auf der Oberfläche pulsierte eine smaragdgrüne Energie, die mir unbekannt war. Sie sahen so aus wie die Synapsen eines Gehirns, ständig in Bewegung und Spuren hinterlassend, die augenblicklich nach jedem Impuls wieder verschwanden. Dieses Raumschiff wirkte so lebendig, dass ich das Gefühl hatte, es sei sich seiner selbst bewusst. Eine neue Technologie war entstanden, um das weite Universum zu erkunden. Was mich stutzig machte: Die Menschheit war sicher noch nicht so weit. Sie war echt primitiv im Vergleich zu dem, was ich hier beobachtet hatte. Und auch in den nächsten tausend Jahren würde sie immer noch nicht bereit sein.

„Herzlich willkommen“, begrüßte uns eine junge Frau. Sie trug denselben Overall wie wir und sah sehr jung aus. „Kommt, wir gehen die Treppen hinunter“, forderte sie uns auf. Wir verließen den Panoramablick, und als wir unten ankamen, wirkte das Raumschiff noch größer, noch gigantischer. Aus der Nähe betrachtet flossen die energetischen Impulse in ihrem eigenen Tempo: mal langsamer, rhythmischer, manchmal hielten sie inne, als ob sie überlegen würden, in welchem Rhythmus sie sich bewegen sollten, um dann erneut mit voller Kraft ihre Blitze in ihre Bahn zu lenken. Die junge Frau wartete geduldig, bis wir uns von unserem Staunen erholten.

„Was ist das um Gottes willen?“, fragte Laura und trat nach vorn. Als eine energiereiche Welle mit voller Kraft durchströmte, wich sie schnell zurück. „Oh mein Gott!“, rief sie. Die junge Frau lächelte sie an und begann zu erklären: „Dieses Schiff wurde gebaut, um unbekannte Planeten in unserer Milchstraße zu erforschen. Um die Lichtgeschwindigkeit zu erreichen, wird Energie aus der fünften Dimension gewonnen. Das wird durch eine künstlich erschaffene vierdimensionale Ebene ermöglicht, in der auch künstlich erzeugte Schwarze Löcher existieren. Dadurch wird die Membran zwischen räumlicher und zeitlicher Kontinuität durchbrochen. Außerhalb der Kuppel existiert die Welt nur in dreidimensionaler Plus-Form. Auf der Erde gibt es nur drei Dimensionen: Länge, Breite und Höhe. Dieses Plus enthält eine zeitliche Tiefe, und wenn ihr eure Ausbildung abschließt, werdet ihr lernen, was das für eure Mission bedeutet. Fragen?“ Sie überflog die Runde mit wachen Blicken.

„Schwarze Löcher? Hier? In unserer Nähe?“, fragte ich völlig erschrocken angesichts dessen, was passieren könnte.

Doch die Frau lächelte sanft und schüttelte den Kopf. „Ich verstehe deine Besorgnis. Aber diese

Löcher sind so klein, dass nichts passieren kann. Die Menschen haben sie zuerst in Genf erschaffen und nun auch hier. Jetzt überlegen wir, wie wir diese Energie richtig auf der Erde in der dreidimensionalen Ebene nutzen können. Diese Energie wird nicht nur für Geschwindigkeit genutzt, sondern auch für Zeitreisen, Heilung und vieles mehr, was wir noch nicht verstehen."

Nachdem sie das gesagt hatte, wurde mir übel, und ich bemühte mich, nicht in Panik zu geraten. Es wäre mir trotzdem peinlich. Mir war schwindlig, und ich senkte den Kopf.

„Und was ist mit anderen Lebensformen?", fragte ein Student.

„Es gibt keine anderen Lebensformen. Wir sind die Einzigen in unserer Galaxie", war ihre Antwort.

„Wollt ihr nicht draußen nach Leben suchen?", wollte er wissen.

Sie senkte kurz den Kopf und trat näher zu uns. „Unsere Allianz wurde nicht dafür geschaffen. Die Suche nach anderen Lebensformen ist eine reine Ressourcenverschwendung. Wir konzentrieren uns nur auf die Erforschung unserer technischen Fortschritte. Diese kann nur an diesem Ort gedeihen. Wenn die Zeit kommt und das Schiff eine Zulassung und Freigabe erhält, werden wir Wissenschaftler zur Erde schicken, um das Raumschiff zu konstruieren. Im Jahr 3025", beendete sie den Satz mit einem ironischen Unterton und einem triumphierenden Lächeln.

„Was? So lange noch? Aber bis dahin kommt sicher eine Apokalypse, das Jüngste Gericht oder so etwas in der Art." Ich konnte mich nicht mehr zurückhalten. „Jesus soll zum zweiten Mal kommen", fügte ich informativ hinzu, und alle konnten mich jetzt auslachen.

„Du hast recht, Ethan." Sie las meinen Namen von der Besuchermarke ab, die an meinem weißen Anzug hing, und fuhr fort: „Im Falle eines Jüngsten Gerichts wird das Raumschiff nicht im Einsatz sein. Niemand weiß, wann unsere Tage gezählt sind, deswegen machen wir es so: Wir entwickeln uns als Zivilisation weiter. Aber …" Sie machte eine kurze Pause, und die Spannung lag in der Luft. „Alles hat bereits stattgefunden. Die Tage sind bereits gezählt, das Jüngste Gericht hat stattgefunden, und Jesus ist zurückgekehrt. Zusammen mit den Auserwählten hat das neue Zeitalter bereits begonnen. Und das Raumschiff ist bereits im Einsatz – alles gleichzeitig. Genau jetzt, in diesem Moment. Die Realitäten, universellen Gesetze, Ebenen, theoretischen Grundlagen – alles ist viel komplexer, als wir bisher dachten. Wir befinden uns in einem Alles-ist-möglich-Zustand, parallelen Möglichkeiten; was war und was sein wird, existiert gleichzeitig. Wir sind jung und alt, hier und nirgendwo, überall und doch hier.

Immer transformierend, suchend, erschaffend – Leben als Kern im Mittelpunkt."

Die Studenten sahen sich gegenseitig an und begannen laut zu diskutieren. Ich hatte das Gefühl, dass logisches Denken hier nicht im Vordergrund stand. Wenn jeder Moment gleichzeitig existiert, dann entscheidet nur unsere Wahl, welche Gegenwart wir erleben. Mir war schon aufgefallen: Warum war ich nicht vor Tausenden von Jahren geboren? Sehr merkwürdig. Es schien, dass unsere Zivilisation erst hier ihre Wurzeln geschlagen hatte.

„Kommt, machen wir eine Runde um das Raumschiff. Schauen wir uns die weite Zukunft an", sagte die Frau schließlich und wandte uns den Rücken zu.

Voller Neugier begaben wir uns auf eine Reise in die unbekannte Welt. Jedes Detail wurde uns sorgfältig erklärt, und wir versuchten, alles zu verstehen. Zum ersten Mal in meinem Leben war ich gierig nach Wissen und Forschung, sodass ich jedes gesprochene Wort wie ein Schwamm aufsaugte. Aber ein Gedanke ließ mich nicht los: Was wird aus Plan B?

*

„Ethan, wach auf", drang eine vertraute Stimme an meine Ohren, und ich schlug die Augen auf. Helle Lichter blendeten mich schmerzhaft, und der Kratzer in meinem Hals nahm für einen Moment meine ganze Aufmerksamkeit in Anspruch. Zuerst war ich völlig verwirrt, doch dann kam die Erleichterung: „Ich lebe noch.“ Dieser Gedanke durchzog mein Bewusstsein. Über mir sah ich eine unscharfe Silhouette und strengte mich an, bis ich die Konturen erkennen konnte. „Gabriel, mein lieber Freund“, wollte ich sagen, doch meine Kehle war wie zugeschnürt. Er lächelte mich an und reichte mir seine Hand. Erst jetzt bemerkte ich den sandigen, feuchten Boden unter meinem Körper. Die Sonne blendete mich, und ich musste blinzeln. „Komm schon, steh auf“, forderte er mich auf.

Ich richtete mich auf meine schwachen Beine, blickte in die Runde und dachte angestrengt nach. Angst stieg in mir auf, als ich die vergangenen Augenblicke in meinem Inneren Revue passieren ließ.

„Wie bin ich hier gelandet?“, fragte ich, als ich meine Stimme wiederfand.

„Ich war spazieren und sah dich plötzlich am Strand liegen“, war Gabriels Antwort.

Vor meinen Augen erstreckte sich der stille Ozean. Der geheimnisvoll transparente Himmelskörper, bedeckt von zartrosa Wolken, schuf mit seiner warmen Atmosphäre eine surreale, magische Umgebung. All das und ich mittendrin. Ich drehte mich mehrmals im Kreis, hob meine Hände in die Luft und sprang wie ein kleines Kind vom Boden ab. Dabei kam ich zu der Erkenntnis, dass das alles hier wirklich in Echtzeit geschah.

„Wo sind wir?“, fragte ich neugierig und atmete tief die salzige Luft ein.

„Ich weiß es nicht. Seit ich hier bin, bist du der erste Mensch, dem ich begegnet bin. Dieser Ort ist mir völlig unbekannt“, sagte Gabriel und zuckte mit den Schultern.

„Und was machst du hier?“, fragte ich, und erschrocken dachte ich daran, was ich eigentlich hier machen sollte.

„Herzlich willkommen auf einer einsamen Insel. Hier gibt es nichts als absolute Ruhe und vollkommene Harmonie. Nur unberührte Natur, so weit das Auge reicht.“

Ich musste schlucken, und es wurde mir schwer um den Magen.

„Nimm das Positive, mein Freund. Du kannst dich hier jetzt entspannen, in aller Ewigkeit“, sagte er, und ich schauderte bei diesem Gedanken.

„Wo ist dein Humor geblieben?“, fragte er und schlenderte über den nassen Sand, nachdem wir unsere Schuhe ausgezogen hatten.

„Es ist nur Spaß. Keine Sorge, wir finden schon einen Weg da raus.“ Und er fügte nach einer kurzen Pause hinzu: „Hoffe ich.“

Ich verdrehte die Augen und schüttelte den Kopf. Während die Wellen unsere Füße abkühlten, dachte ich an alles, was passiert war. Aber diese Worte, „Implantate deaktivieren“, gingen mir nicht mehr aus dem Kopf.

„Als ich hier angekommen bin, kamen die Erinnerungen langsam zurück“, sagte er, und ich blieb sofort stehen. „Wie meinst du das?“, wollte ich wissen.

„Ich war ein Polizist, undercover, in einem abgelegenen Viertel nahe dem Bahnhof. Wochenlang wurden auf mysteriöse Weise Obdachlose tot aufgefunden. Die Biopsie ergab, dass alle mit Arsen vergiftet worden waren. Es bestand der Verdacht, dass jemand vergiftete Essensreste in die Müllcontainer geworfen hatte. Ich musste die Leute beobachten und gab mich selbst als Obdachlosen aus. Dann hast du mich schlafend auf einer Bank im Park gefunden. Was dazwischen passiert ist, daran kann ich mich immer noch nicht erinnern. Ich dachte wirklich, ich wäre ein Obdachloser.“

„Ah, verstehe. Du warst ein Obdachloser, weil du dachtest, dass du ein Obdachloser bist.“ Ich hob meinen Zeigefinger.

„So ungefähr“, sagte er und ich musste grinsen. „Das ist nicht lustig“, meinte er und schaute zur Seite.

„Schau dir das an.“ Ich zog eine Eprouvette aus meinem Anzug. Mit zwei Fingern hielt ich ihm das Fläschchen vertikal vor. „Was hast du da?“, fragte er mich mit offenem Mund. Eine silberne Nadel schwebte schwerelos in dem Gläschen. Wie hypnotisiert beugte er sich vor, um das Spektakel besser sehen zu können. „Was glaubst du, was das sein könnte?“, fragte er mich.

„Sag du es mir.“

„Ich weiß es nicht, ehrlich gesagt.“

„Das ist Omnia Coniuncta.“ Ich gab ihm meine Antwort, und er riss die Augen auf. „Was? Woher hast du das? Aus dem Museum? Ich dachte, es müsste die Größe eines Sandkorns haben. Und warum ist es sichtbar?“

„Weil wir hier sind. Deshalb kann man sie sehen.“ Ich öffnete das Glas, und die Nadel schwebte heraus und bewegte sich schwerelos durch die Luft.

„Unglaublich. Ich sehe gerade Informationen aus anderen Realitäten.“

„Aber ich habe etwas, das ich dir zeigen kann.“

„Lieber nicht. Das letzte Mal war ich mit dir in einem winzigen Aufzug, als du mir etwas zeigen wolltest.“ Demonstrativ strich ich mir über das Haar.

„Komm, Ethan, wir haben keine Zeit zum Diskutieren. Es ist wichtig. Ich glaube, ich weiß, wo wir ausbrechen können.“ Er drehte sich um und ging so schnell, dass ich ihm kaum folgen konnte.

„Der Ausgang? Was für ein Ausbrechen? Die Ärzte haben gerade alle Geräte abgeschaltet“, rief ich, während mir der Wind ins Gesicht wehte.

„Als ich ein Obdachloser war, beobachtete ich, wie das Leben um mich herum zirkulierte. Jeden einzelnen Tag. Nur ich war draußen, außerhalb der

Wand, die uns scheinbar in zwei Welten trennte. Ich fühlte mich nutzlos, wie eine traurige Gestalt ohne Hoffnung. Wenn Menschen keine Hoffnung auf die Zukunft haben, sind sie auch nicht wirklich Teil der Menschheit. All das Verbundene existierte nicht, bis du kamst. Deine Nadel öffnete sich und schlug Wurzeln. Vergiss das nie – es gibt immer einen Weg, besonders wenn wir auf uns allein gestellt sind", sagte Gabriel, als wir an einem Hügel angekommen waren. Eine Öffnung zeigte sich aus dem dunklen Felsen, so breit und groß, dass wir ohne Hindernisse ruhig durchgehen konnten.

14. FREIER FALL

„Wir sind da“, sagte Gabriel, und ich rieb mir die Augen, um die Umgebung besser sehen zu können. Der feuchte Wind hatte sie brennen lassen. Als ich jedoch sah, wo wir vermutlich hineingehen würden, lief mir vor Aufregung ein kalter Schauer über den Rücken, und meine Muskeln fühlten sich bleischwer an. Wir standen direkt vor dem Eingang zur Höhle. Der schmale Durchgang ging bis zu unserer Augenhöhe, also mussten wir uns ducken, um hineinzukommen. Mir gefiel das nicht, aber wenn es drinnen einen Ausgang gab, hatten wir keine andere Wahl, als uns an jeden Strohhalm zu klammern.

„Vergiss es. Wer weiß, was da drin ist?“, versuchte ich, Gabriel klarzumachen.

„Ich war schon mehrmals drin, aber ich habe das Gefühl, dass etwas fehlt.“

Ich konnte nicht anders, als ihm zu folgen. Der Boden knirschte unter unseren Füßen, und es roch nach etwas, das mich an diesem Museum erinnerte, wo wir einmal zusammen gewesen waren. Es wurde kälter, und Gabriel führte mich durch die schmalen Gänge, während das Licht immer spärlicher wurde.

Die Wände waren mit Flüssigkeiten übersät und das rhythmische Tropfen drang in meine überempfindlichen Ohren. „Wir sind fast da“, versuchte er mich zu beruhigen. Meine Knie wurden weich, und ich bemühte mich sehr, weiterzugehen, indem ich tiefer atmete. Wir setzten unseren Weg noch ein gutes Stück fort, mal nach links, dann fünf Metern nach rechts und schließlich immer geradeaus. Ich wunderte mich, wie er sich hier überhaupt orientieren konnte. Jeder Gang sah aus wie der andere. Ich strich mir über die schweißnasse Stirn, als wir das Herzstück des Ganzen erreichten.

Endlich standen wir am Eingang eines großen Raums, in den das Sonnenlicht durch eine runde Öffnung fiel. Obwohl der Berg von außen riesig wirkte, hatte das Sonnenlicht seinen Weg nach innen gefunden und strömte wie ein Wasserfall aus der Decke. Mit langsamen Schritten näherten wir uns etwas, das mich an einen Altar erinnerte. In der Mitte des Raumes befand sich eine perfekt geschliffene Kugel.

Sie war gut beleuchtet und offenbarte jeden winzigen Fleck, was darauf hindeutete, dass sie schon sehr lange hier gewesen sein musste. Ob der Stein natürlich entstanden war, blieb mir ein Rätsel.

„Was ist das?“, fragte ich Gabriel und legte eine Hand auf die Wand.

„Ich weiß es nicht. Ich dachte, du würdest es mir sagen. Das Licht über diesem Stein scheint kein Zufall zu sein. Jemand wollte das, und dieser Jemand war vor uns hier.“

Ich ließ mir alles durch den Kopf gehen, was er sagte. „Vielleicht eine außerirdische Intelligenz“, versuchte ich es scherzhaft, aber Gabriel schüttelte nur den Kopf.

„Gib mir deinen Speicher“, forderte er und hielt seine rechte Handfläche auf. In diesem Moment schaute ich zurück zu dem Ort, von dem wir gekommen waren, und mir fiel ein, dass der am Strand geblieben war. „Mist“, murmelte ich und wandte mich ab. „Was? Hast du wirklich gedacht, dass er von allein hierher spaziert?“

„So ungefähr“, antwortete ich und biss mir auf die Lippe.

Er legte panisch die Hände auf den Kopf und schrie: „Bist du verrückt geworden? Ich wollte sehen, wie sich dieser Speicher hier verhält. Und du hast ihn vergessen?“ Seine Schreie hallten durch die Gänge und erzeugten ein tiefes Echo, das sicher weit zu hören war. Er ging im Kreis, hin und her, und schien tief in seine Gedanken versunken zu sein. Ich setzte mich auf den Stein und genoss in aller Ruhe das Tageslicht auf meinem Gesicht. Die Stille kehrte in mir zurück, bis seine Schritte verstummten. Ich öffnete meine Augen und sah ihn, wie er mich böse anstarrte.

„Hast du den Verstand verloren? Weg da!“ Er eilte zu mir, stieß mich zu Boden und ein stumpfer Schmerz breitete sich in meiner rechten Schulter aus.

„Ist gut“, protestierte ich und kam mühsam auf die Beine. Ich sah ihn verblüfft an, aber er schien in eine

Richtung zu starren. Sein Gesicht war ernst und er musterte etwas, das ich auf den ersten Blick nicht erkennen konnte. Doch als ich mich umsah, entdeckte ich meinen Speicher über dem Stein, schwerelos vertikal schwebend. „Wie ist das passiert? Hat er mich bis hierher verfolgt?“, fragte ich Gabriel, aber er ging nur um den Stein herum und betrachtete das Wunder aus allen Winkeln. In diesem Augenblick bebte die Erde unter unseren Füßen, und wir hielten Ausschau, wo wir uns verstecken könnten. Zum Glück war das Beben nicht stark und ließ nach kurzer Zeit nach. Über dem Stein bildete sich ein rundes, umgekehrtes Spiegelbild, als wäre er eine reflektierende Oberfläche. Die Nadel, die die beiden Kugeln verband, erinnerte mich an eine gigantische Sanduhr.

Obwohl ich nicht erkennen konnte, was an diesen beiden Konstruktionen so besonders war, ahnte ich, dass dieser Ort tatsächlich eine besondere magische Konstellation hatte, um die Zeit zu messen und zu verbinden. Und ich wusste auch, dass jetzt möglicherweise ein Countdown gestartet worden war.

„Weg da!“, schrie Gabriel mich an, aber meine Beine waren vor Angst steif. Ich konnte mich kaum bewegen; mein ganzer Körper war wie gelähmt. Als er mich so emotional und regungslos sah, kam er langsam zu mir und schaute mich eindringlich an. „Ethan, hör mir bitte zu. Wir müssen jetzt so schnell wie möglich fliehen. Wenn wir hierbleiben, überleben wir vielleicht nicht.“ Sorgenfalten bildeten sich auf seiner Stirn, und sein Blick drang tief in mein Bewusstsein ein, löste Kopfschmerzen aus, als würde die ganze Welt mit mir verschmelzen. Für einen kurzen Moment fühlte ich jede Faser meines Körpers. Eine Last von unvorstellbarer Kraft lag auf meinen Schultern.

„Los, los, los“, wiederholte er immer wieder. „Wir müssen raus – jetzt“, flehte er mich mit befehlendem Ton an. Im Bruchteil einer Sekunde musste ich eine Entscheidung treffen. Ich musste an etwas denken, das mir weiterhelfen könnte. Ich dachte an meine Akademie und unseren Abschluss, an all die jahrelange gemeinsame Arbeit und die Freundschaften, die entstanden waren. Wir waren eine Familie, weil niemand von uns eine eigene hatte. Ich dachte an Liebe und die wunderbaren Orte, die wir erkundet hatten. Wir waren Zeugen zukünftiger historischer Ereignisse und Teil einer Elite, die die Chance hatte, die Welt zu verändern. Was war jetzt passiert?

Die Kraft kehrte zurück, während kleine Felsstücke um uns herum fielen. Meine Beine entspannten sich, und ich war bereit zu laufen. Doch noch bevor wir den ersten Schritt machten, verwandelte sich die gesamte Höhle augenblicklich in einen gesamten Spiegel. Alles, was sich unten befand, einschließlich uns, war nun auch umgekehrt. Noch bevor ich es bemerkte, war es bereits geschehen. Der Eingang war von einem Spiegelbild versperrt, und es schien, als ob alle Wände aus Spiegeln bestehen müssten. Nur der Boden schien noch authentisch zu sein.

Ich duckte mich und berührte den feinen Kies mit meinen Füßen. Das Geräusch war stumpf und die kleinen Kieselsteine bewegten sich auf dem rutschigen Untergrund. Ich wischte ihn sauber und entdeckte eine glatt geschliffene Oberfläche, die an eine Marmorplatte erinnerte. „Das ist von Menschenhand gemacht. Wie kommen wir hier raus?"

Meine Verzweiflung klang in meiner Stimme mit und wie ferngesteuert schaufelte ich die Oberfläche mit den Händen frei.

„Wir sind in einem Spiegel gefangen. Wir kommen nicht auf demselben Weg heraus, wie wir hineingelangt sind", sagte Gabriel, während er seine Hand in Richtung des Spiegels bewegte. Er warf mir ein letztes Grinsen zu und tauchte seine Finger langsam in die glatte Oberfläche des Spiegels. Erschrocken verfolgte ich das ganze Spektakel und bewegte meinen Kopf hin und her, ahnend, was er vorhatte.

„Bist du bereit?", fragte er mich, aber noch bevor ich etwas erwidern konnte, glitt er in die glatte Wand hinein. Der Schrecken setzte sich so tief in mir fest, dass ich kaum noch atmen konnte. Meine Kehle fühlte sich wie zugeschnürt an, und als ich dachte, ich würde an diesem Ort alleine ersticken, sammelte ich all meinen Mut und sprang ebenfalls in die Wand. In dem Gedanken, dass jetzt alles vorbei sein musste und ich im Nichts gefangen war, fand ich schließlich meinen Frieden.

Von einer Kraft nach unten gezogen, befand ich mich im freien Fall. Die rasende Geschwindigkeit breitete eine Leere in mir aus, die so schwindelerregend war, dass ich mich auf Autopilot schalten musste. Mein Bewusstsein klammerte sich an die Suche nach einem Zeichen oder einem Funken Hoffnung, aber ich sah nur verschwommene Bilder in Regenbogenfarben. Alles wurde in einer Tiefe verschlungen, als wäre ich in einen gigantischen Staubsauger gefallen, der alles in sich hineinzog.

Endlich hörte ich ein ohrenbetäubendes Krachen, als würden tausend Spiegel zerbrechen, gefolgt von einem langen Echo, und ich wachte plötzlich auf.

Mir wurde klar, dass ich der Meister meiner Welt bin und alles erschaffen kann, sogar mein eigenes Schicksal bestimmen. Zunächst dachte ich, ich hätte nur kurz geschlafen, doch als ich meine Augen schwerfällig öffnete, waren sie noch immer gereizt von allem, was geschehen war. Ich stellte fest, dass ich mich in meiner Akademie befand. Erleichtert blickte ich zu meiner Professorin, die mit großer Leidenschaft unterrichtete. Überglücklich atmete ich auf, überzeugt, dass alles, was passiert war, nur ein schlechter Traum gewesen war. Doch dann sah ich zu meiner Rechten jemanden, der genauso aussah wie ich. Wie konnte das möglich sein? Was war geschehen?

Er war tief konzentriert und kritzelte gelegentlich in sein Notizbuch. Er trug dasselbe Shirt, das ich immer getragen hatte, mit Herzchen auf dem rechten Oberarm – ein Geschenk von Laura, die Herzchen verschenken liebte. Ich bewegte meine Hand vor dem Gesicht einer Studentin, aber sie reagierte nicht und hörte ruhig der bevorstehenden Vorlesung zu. Plötzlich hörte ich eine vertraute Stimme hinter mir: „Hallöchen, Ethan. So sieht es also in eurer Akademie aus."

Ich vergrub mein Gesicht in den Händen. Es war Gabriel, und obwohl er mein Freund war, machte mich seine Anwesenheit nicht gerade glücklich.

Ich drehte mich zu ihm um. Er lehnte sich über den Tisch und stützte seine Ellbogen, während er mich amüsiert anlächelte. „Wie kannst du so ruhig sein?" fragte ich ihn, doch er legte seinen Zeigefinger auf seine Lippen. „Bitte leise, ich möchte etwas hören", sagte er, sprang dann über den Tisch und setzte sich auf die Bank neben mich. Amüsiert tat er so, als wäre er sehr an der Vorlesung interessiert. In diesem Moment begann ein Film auf einer Leinwand. Ein kleiner Babyhase hatte seine Familie verloren und versuchte zu fliehen, nachdem er von ein paar wilden Katzen umzingelt worden war. Aber er hatte keine Chance, zu entkommen, egal, wie tapfer er kämpfte. Das junge Häschen hatte den Kampf verloren und erlag seinen Verletzungen. Im Auditorium herrschte vollkommene Stille; niemand rührte sich, alle Gesichter erstarrt angesichts der Grausamkeit der Natur und der schicksalhaften Wendungen.

„Als ich undercover obdachlos war, haben mich auch ein paar Leute gequält. Sie ließen mich liegen und liefen weg“, sagte Gabriel, den Blick weiterhin auf die Leinwand gerichtet.

„Warum tut jemand so etwas?“ fragte ich, mehr an mich selbst gewandt.

„Menschen oder Tiere, die Schwachen oder die Stärkeren? Was meinst du? Hast du überhaupt etwas aus dieser Lektion gelernt?“

Ich hatte keine Antwort. Ich sah mein Spiegelbild vor mir und es schien, als beschäftige es sich ebenfalls mit diesen Fragen. Immer noch in seiner Starre erkannte ich die hilflose Verzweiflung in seinem Gesichtsausdruck. Aber alles war miteinander verbunden: die Natur und die Menschen. Die Stärksten überleben und die Schwachen verlieren.

Gabriel stand plötzlich auf. „Komm, wir gehen weiter!“

Ohne jeglichen Protest folgte ich ihm.

15. DAS ENDE DER WELT

Sand, überall Sand, wohin das Auge reichte. Obwohl wir wussten, dass wir uns noch in einem weiteren Cube befanden, wirkte diese Welt real. Vielleicht war sie es auch; das wusste ich noch nicht. Wir befanden uns in einer Wüste. Es war unangenehm heiß, und Gabriel und ich zogen unsere Anzüge aus und atmeten die trockene Luft ein. Ich senkte meinen Blick auf mein weißes Hemd, das bereits mit Sandkörnern bedeckt war. Der Wind verwuschelte unser Haar und die Sonnenstrahlen prallten vom fernen Horizont auf unsere Gesichter. Es überraschte mich nicht, was wir hier gefunden hatten. Nichts konnte mich mehr überraschen.

Gabriel stand neben mir und seine Anwesenheit sowie seine offene Haltung ließen ihn wirken, als verstehe er alle Geheimnisse dieser Welt und darüber hinaus. Wir näherten uns einem Objekt vor uns, das uns zeigte, dass wir die neue Welt verpasst oder sie vielleicht schon verloren haben könnten. In diesem Zustand wusste ich noch nichts. Hier gab es kein Leben, nicht einmal einen Hinweis darauf, dass hier jemals ein Leben existiert hatte. Ich war noch nie in einer Wüste gewesen, und doch hatte ich die Befürchtung, dass es überall auf der Erde so aussehen könnte. Wir gingen ein paar Schritte weiter, um besser beobachten zu können, was sich vor uns befand. Mit traurigen Mienen blickten wir auf genau dieses Raumschiff oder das, was von ihm übrig geblieben war, das ich in meiner Akademie kennengelernt hatte – mit einem Unterschied: Jetzt war es nur noch ein Haufen Schrott. Keine Synapsen, kein Glanz, keine Menschenseele. Nur ein verrostetes, teilweise vom Sand bedecktes Wrack. Mehr als die Hälfte des Raumschiffs war im Sand vergraben. Selbst wenn wir eine Möglichkeit gefunden hätten, hineinzukommen, hätten wir den Eingang wahrscheinlich nicht entdeckt.

„Gabriel, kann es sein, dass wir uns in der Zukunft befinden?", fragte ich leise.

„Ja, in einer sehr fernen Zukunft", betonte er nachdrücklich.

„Wow! Das Ende der Welt. Ich habe das Gefühl, dass auf diesem Raumschiff eine Mission stattfand – anscheinend ohne Erfolg. Vielleicht sind sie nach einem Atomkrieg zu spät nach Hause zurückgekehrt. Und dann …"

„Bitte hör auf damit", unterbrach er mich und verdrehte die Augen.

„Es gibt keine neue Welt", protestierte ich und berührte das alte Blech. Ich stellte mir vor, wie dieses Ding mit Lichtgeschwindigkeit durch das All gereist war, und bekam Gänsehaut. Möglicherweise befand sich noch kosmischer Staub darauf. Es war ein einzigartiges Gefühl, etwas zu berühren, das aus der unermesslichen Ferne kam. „Was ist hier passiert? Und wie ist es überhaupt möglich, dass wir hier sind?“ Meine Gedanken wurden laut. Ich war überzeugt, dass er ebenfalls verblüfft war. Aber er setzte sich in den Schatten, wo uns das Wrack Schutz bieten konnte, und legte seinen Kopf darauf. „Wenn du mich fragst, ich weiß es nicht. Ich vermute, dass wir uns in einer Projektion befinden, einer Art Spiegelbild der Erde, mit zeitlichen Verschiebungen und verschiedenen Realitätsebenen. Jede Ebene hat einen Würfel und ist mit allen anderen verbunden: aus jeder zeitlichen Kontinuität und jedem Raum. Alles, was du erlebt hast, was du denkst und was dich interessiert, ist eine Projektion aus deinem Speicher.“

„Okay,“ sagte ich und setzte mich neben ihn. Der Wind wurde stärker und kündigte einen bevorstehenden Sturm an. Seltsam, dass hier doch etwas passiert. Die Natur lebt weiter. „Das ist so traurig. Warum könnte es für die Menschheit so enden? Vor Kurzem war ich noch bei der Entstehung dieses Wunderwerks dabei und jetzt sehe ich sein Ende.“

„Nein, so ist es nicht“, sagte er und strich sich mit den Fingern über sein Kinn.

„Wie meinst du das?“ Der Wind wurde immer stärker, und ich musste lauter sprechen.

„Das hier ist nur eine Perspektive. Eine von vielen. Eine neue Welt ist schon geboren.“

„Eine neue Welt? Aber wohin? Diese Leute haben keinen anderen Stern gefunden“, sagte ich und zeigte nach hinten. Ich verstand nichts mehr. „Hier ist nichts“, betonte ich nachdrücklich.

„Kannst du dich bitte entspannen? Erinnere dich. Woher kommst du gerade?“

Ich dachte nach. „Ich komme aus einer Welt, in der ich einer Frau helfen musste.“

„Ah, verstehe. Diese Welten existieren gleichzeitig. Verstehst du?“

Ich blickte ihn mit offenem Mund an. „Nein. Ich verstehe gar nichts.“

„Das musst du auch nicht. Wir müssen hier weg. Ein Sturm kommt auf uns zu.“ Er stand auf und klopfte den Sand von seinem Hemd.

„Wohin gehen wir jetzt?“ fragte ich ungeduldig. Er blickte in der Ferne und Schritt Richtung der offenen Wüste.

Ich fand mich auf der Schulbank meiner Kindheit wieder. Das Klassenzimmer war leer, nur Gabriel und ich saßen in der ersten Reihe, nebeneinander. Eine Lehrerin diskutierte mit einer jungen Frau. Die Frau kam mir bekannt vor, aber ich konnte mich nicht erinnern, wer sie war. „Es tut mir leid, aber Ihr Sohn bringt keine guten Leistungen. Überlegen Sie, ob er ein Jahr wiederholen sollte. Vielleicht ist das die beste Lösung für ihn“, sagte die Lehrerin und schaute der Frau eindringlich in die Augen.

„Aber, Frau Mayer, er ist sehr intelligent. Ich kann das nicht nachvollziehen. Wie konnte so etwas passieren? Vielleicht wird er nicht genug gefördert und unterstützt?“

Die Frau hatte lange schwarze Haare, und mit ihren markanten Lippen wirkte sie zerbrechlich schön. Was sie sagte, passte nicht zu ihrer Ausstrahlung. Vor allem strahlte sie Ruhe aus. Doch die Lehrerin nahm hektisch ein Heft vom Schreibtisch, öffnete es und zeigte es demonstrativ der Frau. „Das ist das Heft eines Mädchens. Schauen Sie, wie ordentlich und sauber geschrieben und wie die Bilder gemalt sind. Und jetzt sehen Sie sich Ethans Arbeiten an.“ Sie öffnete Ethans Heft und zeigte es der Frau, dabei hob sie die linke Augenbraue hoch. Die Frau atmete aus und verengte die Augen missbilligend.

„Haben Sie mich deswegen eingeladen? Das sind Kinder. Ordnung und schöne Buchstaben, was hat das mit Leistung zu tun?“ Sie stand auf und nahm ihre Handtasche.

„Aber das ist nicht alles, wissen Sie …“, begann die Lehrerin, doch die Frau hörte nicht mehr zu. Stattdessen sagte sie: „Das ist nicht pädagogisch.“ Sie ging zur Tür, und bevor sie sie öffnete, setzte sie noch einen drauf: „Das ist kriminell.“ Dann verließ sie das Klassenzimmer. Ich traute meinen Augen nicht, während Gabriel applaudierte.

Ich fand das alles sehr interessant, wusste aber nicht, ob es sich um ein reales Ereignis handelte oder eine Manifestation, die irgendwo in der Luft hängen geblieben war. Mein Verstand konnte es nicht einordnen. Trotzdem musste ich lächeln; mein Herz fühlte sich warm an. Die arme Lehrerin blieb allein zurück und blickte nachdenklich in Richtung der geschlossenen Türen. Dann setzte sie wieder ihren strengen Gesichtsausdruck auf und nahm ein Heft zur Kontrolle in die Hand. Gelegentlich blickte sie in den Raum und lauschte, als könnte sie uns hören.

„Psst … sonst bekommen wir einen Verweis“, flüsterte Gabriel und legte den Finger auf die Lippen. Wir kicherten wie kleine Kinder, bis ich plötzlich ernst wurde. „Das ist meine Mutter“, sagte ich stolz. Meine Augen füllten sich mit Tränen, und ich wischte mir mit dem Arm über das Gesicht.

„Du hast eine sehr gute Mutter. Sie muss sehr stolz auf dich sein. Aus dir ist doch etwas geworden“, meinte er und ließ mich ein wenig verwirrt zurück.

Ich dachte nach. Was hatte ich aus meinem Leben gemacht? Aber ich konnte mich nicht erinnern.

„Es ist Zeit. Komm her“, sagte er und deutete auf die Tür. Nachdem wir diesen Raum sicher verlassen hatten, folgte ein weiterer. Plötzlich standen wir in einem Krankenhaus. Traurigkeit durchdrang mein Wesen, verbunden mit der Ungewissheit, was hier mit mir geschehen war. Als Gabriel mich so sah, lächelte er aufmunternd.

„Wie kannst du so ruhig sein?“, fragte ich ihn, während wir durch den Gang schlenderten. Unsere

Schritte hallten wider und schienen die einzigen Geräusche in der ganzen Umgebung zu sein. Die Einsamkeit durchfuhr mich wie ein Stromschlag. Ich ließ mir nicht anmerken, wie erschüttert ich war.

„Wir sind da“, sagte Gabriel und blieb stehen.

„Wo?“ Aber statt eine Antwort von Gabriel zu bekommen, sah ich Aurora im weißen Kittel auf uns zueilen. Sie trug ein Tablet mit Notizen, und an ihrem Mantel prangte ein Namensschild. Gleichzeitig trat eine ältere Frau aus dem Aufzug. Als sie hinaustrat, erhaschte sie gerade noch Auroras Rücken.

„Aurora“, rief sie laut mit zitternder Stimme.

Zögernd drehte sich Aurora um und erkannte die Frau. Gleichgültigkeit zeichnete sich auf ihrem Gesicht ab. Doch tief in ihrem Blick spiegelte sich all der Kummer.

„Warum? Bitte, warum machst du das?“, fragte die Frau.

„Marianne, lass uns bitte ins Büro gehen“, sagte Aurora und machte ein paar Schritte vorwärts, bis sie stehen blieb. „Nein. Ich möchte, dass du mir erklärst, warum du das getan hast.“

Marianne trat sehr nah an sie heran und fixierte sie mit eisigen Blicken. Eine Ader trat unter ihrem rechten Auge hervor.

„Er befand sich in einem vegetativen Zustand. Er konnte nicht mehr aufwachen, nie wieder. Seine Gehirnwellen waren inaktiv. Er hat sogar selbst dieses Dokument unterschrieben, dass im Falle …“

Doch Marianne hörte nicht mehr zu, sondern zog ein Dokument aus ihrer Tasche. „Meinst du dieses Dokument hier?“

Auroras Blick versteinerte, und sie verharrte kurz regungslos. Als sie sich von dem ersten Schock erholt hatte, fuhr sie fort: „Marianne, du verstehst das nicht. Er hat das freiwillig getan.“

„Ein Implantat in seinen Schädel einsetzen?“

„Das ist eine Bereicherung für die Menschheit. Es ist, als wäre er der erste Mensch, der auf dem Mond gelandet ist. Die Daten, die wir erhalten haben, werden die Zukunft verändern“, sagte sie leise und sah sich um, um sicherzugehen, dass niemand lauschen konnte.

„Das interessiert mich nicht. Ich wollte nur, dass mein Junge lebt.“

„Das wollte ich auch. Sehr sogar. Aber leider können wir nicht alles beeinflussen oder kontrollieren. Die Dinge geschehen einfach, ob es uns gefällt oder nicht.“ Nachdem sie das gesagt hatte, drehte sie ihr den Rücken zu und ging weiter.

„Das ist meine Mutter“, sagte ich, und Gabriel nickte bestätigend. „Die Zeit läuft uns davon, wir müssen uns beeilen“, sagte er und klopfte mir aufmunternd auf die Schulter.

Ich sah meine Mutter noch einmal an. Sie wirkte verzweifelt und weinte leise vor sich hin, während ihre langsamen Schritte durch die Gänge hallten. Mein Herz zog sich vor Verzweiflung zusammen, und ich wollte sie am liebsten trösten. Aber Gabriel deutete auf seine Uhr und hob die Augenbraue.

Wir befanden uns in einer überfüllten Bar. Ich hasse es, wenn die Rockmusik so laut ist, und noch mehr, mich durch die Menge drängen zu müssen, dabei meine Hand als Barriere vor mich gehalten. Außerdem schwitzte ich stark, mein Körper war immer noch von der Hitze der Wüste überhitzt. Unsere Hemden waren schmutzig, und ich hatte das Gefühl, neugierige Blicke auf uns zu ziehen, bis mir klar wurde, dass wir unsichtbar waren. Es war dunkel, und der ständige Farbwechsel erschöpfte mich. Mein Kopf war schwer und schmerzhaft, und ich musste viel blinzeln, um überhaupt etwas sehen zu können.

Am Bartisch fiel mir die Anwesenheit zweier Menschen auf. Ein Mann und eine Frau schlürften elegant an ihren alkoholischen Drinks und wechselten gelegentlich ein paar Worte. Einmal hatte ich das Gefühl, dass die fremde Frau – sehr hübsch und attraktiv – mir direkt in die Augen schaute, nur um dann ihren Blick zu ihrem Gegenüber zu wenden. Das muss ein Zufall sein, dachte ich. Ich bin unsichtbar, erinnerte ich mich. Wir näherten uns der Bar und setzten uns auf die Barhocker. Gabriel beobachtete den Barkeeper, der konzentriert bei der Arbeit war, Drinks mixte und im Takt der Musik schüttelte. Ich drehte mich gelangweilt auf meinem Stuhl und blickte in die Ferne. Ein Mann verließ seinen Platz, und ein anderer trat hervor. Es schien, als würde er auf jemanden warten. Ab und zu schaute er auf seine teure Uhr und blickte neugierig vor sich hin.

Er sah sehr gut aus, doch seine nervösen Handbewegungen verrieten seine Anspannung, während er an seinem Drink nippte. Ich sah zu Gabriel hinüber und erschrak darüber, wie blass und besorgt er wirkte. „Was ist los, Gabriel?", fragte ich ihn behutsam.

„Das ist mein Schützling", antwortete er und verfolgte jede seiner Gesten aufmerksam.

„Dein Schützling ist hier?" Noch bevor ich den Satz vollendet hatte, entdeckte ich eine Frau, die wie Aurora aussah. Sie bewegte sich durch die Menschenmenge und hielt schützend die Handfläche vor ihr Gesicht. Doch ihre geschmeidigen Schritte erinnerten mich an sie, ohne zu ahnen, dass sie es tatsächlich sein könnte. Schweren Herzens blickte ich auf die surreale Szenerie, während sie den Mann anlächelte und sich neben ihn setzte, so schön, wie sie immer war. Jetzt erkannte ich sie richtig: Aurora, die Frau, die ich jahrelang begleitet hatte und über deren Schicksal ich entschieden hatte. Sie trug ein langes schwarzes Kleid und ihr Haar war offen. Ich konnte mich nicht erinnern, dass sie so elegant sein konnte. Ich empfand etwas, das ich bisher nicht kannte: reine Eifersucht. Beschämt blickte ich zu Boden und schloss die Augen, in der Hoffnung, dass niemand mich so gesehen hatte.

„Ich denke, das reicht. Du hast schon alles gesehen“, sagte Gabriel aufmunternd und klopfte mir auf die Schulter. „Er hat auf dich geschossen.“

Als ich zu mir kam, sah ich ihm in die Augen. „Aber warum?“ wollte ich unbedingt wissen.

„In wenigen Tagen wird sie mit ihm Schluss machen. Was sie nicht weiß, ist, dass er ein extrem eifersüchtiger Mensch ist, der Verluste nicht akzeptieren kann.“ Seine Worte verwirrten mich sehr.

„Aber er wirkt so normal und nett. Er sieht nicht aus wie ein Psychopath.“

Gabriel lachte und schüttelte den Kopf. „Mein Freund, du kennst die Menschen nicht. Ihre Absichten, ihre Lügen und Manipulationen. Wir leben in einem Zeitalter, in dem sich das Böse frei entfalten kann. Und wir können nichts daran ändern.“ Er ließ den Mann nicht aus den Augen und fuhr fort: „Aber du hast einen Vertrag unterschrieben, von ihm. Er arbeitet für eine organisierte Gesellschaft, die eine neue Technologie entwickelt hat. Erinnerst du dich?“

Ich schüttelte ahnungslos den Kopf. Ich war müde und völlig überfordert. Ich wollte nur zurück in mein Leben, in mein richtiges Zuhause – und nicht irgendwohin, wo ich ein Fremder war.

„Was ist das für ein Dokument?“, fragte ich, obwohl ich es nicht wirklich wissen wollte. Vielleicht würde ich mich besser fühlen, ich war mir nicht sicher.

„Du Dummerchen. Du hast unterschrieben, dass du ein Implantat bekommen solltest. Sie haben dir ein ewiges Leben versprochen, aber du hast es bereits. Es ist dein Erbe.“ Mehr wollte er nicht sagen. Dann lehnte er sich auf seine Hand und gab zu: „Du solltest immer das Kleingedruckte in den Ecken des Vertrags lesen. Hättest du alles richtig gelesen, wüsstest du, dass es nur in seinem Interesse war und du nichts davon hattest. Deshalb haben wir uns getroffen. Deine Existenz sollte hier kein großes Interesse wecken. Du hattest eine Aufgabe zu erfüllen, um ihnen zu zeigen, dass alles, was geschieht, Folgen für die Menschheit hat.“ Gabriel schnippte mit den Fingern auf den Bartisch, und im selben Moment erstarrte alles um uns herum. „Bist du bereit?“, fragte er mich, doch ich schüttelte nur den Kopf. Ohne weiter auf mich zu achten, sah ich einen Spiegel vor mir. Ohne zu überlegen, sprang ich hindurch, und wir fanden uns in einem noch größeren Kontrollraum wieder, wie ich ihn noch nie zuvor gesehen hatte. Er erinnerte mich an die NASA, wo sie Satelliten und Raumschiffe ins All schießen. Auf dem großen Bildschirm vor all den Leuten lief ein Countdown, den alle gespannt verfolgten. Sie warteten darauf, was nach Ablauf der Zeit geschehen würde. Als der Countdown auf null sprang, verwandelte sich die Leinwand in ein Kaleidoskop aus allen möglichen Farben. Die Menschen jubelten, hoben die Hände in die Luft und applaudierten lautstark. Manche sprangen auf und ab und zeigten zum Himmel. Etwas sehr Wichtiges geschah in diesem Moment.

Ich blickte Gabriel fragend an.

„Eine Brücke zwischen Dimensionen ist gerade entstanden. Eine neue Technologie wurde entwickelt, und das hier ist dein Kaleidoskop. Hier sind alle deine Dateien gespeichert. Das war der Moment, als du ins Krankenhaus aufgewacht bist. Deine Ausbildung, deine Arbeit, alles, bis das jeweilige Tag gekommen ist und dieser Blitz in der Zeit entstanden ist. Aber keine Sorge, das Implantat ist deaktiviert und du bist in Sicherheit." Nachdem er das gesagt hatte, wurde mir übel. Mein Herz pochte bis zum Hals, und ich hatte das Gefühl zu ersticken. Hilflos stand ich da und versuchte, alles zu begreifen. Aber nichts ergab einen Sinn, genauso wie damals in der Schule. Und jetzt wurde mir klar, dass ich mich an mein Leben erinnern konnte.

„Ich weiß es jetzt. Ich gehöre nicht hierher."

„Endlich hast du es verstanden."

Hilfesuchend blickte ich ihm tief in die Augen.

„Du bist befördert. Erinnerst du dich?", bestätigte er und ich jubelte. „Natürlich! Warum hast du mir das nicht früher gesagt?"

Doch er verdrehte erneut die Augen und lachte leise.

„Aber ich habe hier meine Werkzeuge nicht“, stellte ich fest.

„Wer braucht die schon? Leb wohl, mein Freund. Mit dir war es immer so lustig.“

Als mir klar wurde, dass dies ein Abschied war, wurden meine Augen feucht, und ich blickte zur Seite. Nachdem wir uns verabschiedet hatten, wählte ich den kürzesten Weg, den ich mir vorstellen konnte. Ich drückte auf einen unsichtbaren Knopf und im Handumdrehen stand ich wieder auf dem heißen Asphalt.

„Er lebt!“ hörte ich eine unbekannte männliche Stimme. Um mich herum war alles vernebelt, und ich nahm viele Gestalten wahr. Sie waren in Eile und versuchten mit aller Kraft, mir zu helfen. Ich fühlte mich beruhigt und entspannt, im Wissen, dass ich viel Hilfe und Unterstützung bekam. Aus der Ferne hörte ich einen Rettungswagen, während mir eine Träne über die Wange lief. Ich atmete tief ein und dachte an alles, was ich erleben durfte. Dabei suchte ich mir den passenden Augenblick meines eigenen Lebens. Meine eigene Variante, in meiner eigenen Realität – genau so, wie wir es in der Schule des Lebens gelernt hatten. Ich prägte mir alles ein, damit nichts in Vergessenheit geraten konnte. Denn ich bin der Meister meines eigenen Lebens.

ZWEI WOCHEN SPÄTER

Nachdem ich meine unglaubliche Geschichte geschrieben habe, kann ich immer noch nicht glauben, was alles passiert ist. Die Ärzte sprechen von einer Amnesie, aber ich erinnere mich an alles – außer an mein Leben. Ich habe ihnen gesagt, dass ich ein Implantat hatte, doch nun sagen alle, dass ich fantasiere, aufgrund eines schweren Traumas durch einen Verkehrsunfall.

Ich bin verheiratet, aber meine Frau heißt nicht Aurora. Sie ist keine Ärztin und keine Olympiasiegerin. Schlimmer noch, ich kann zwei zusätzliche Fremdsprachen – Spanisch und Französisch –, obwohl alle sagen, dass ich vor dem Unfall nur Deutsch gesprochen habe. Ich kann perfekt Klavier spielen, obwohl ich nie auf einer Musikschule war. Ich habe nie studiert und bin ein Handwerker.

Aber seit diesem Unfall habe ich großen Respekt vor all dem, was nicht genügend erforscht wurde – nämlich dem Wunderwerk Mensch und all seinen Facetten, die sichtbar und unsichtbar sind. Aber etwas verwirrt mich – eine Narbe auf meinem Gesicht. Niemand weiß, wie ich sie bekommen habe, und niemand interessiert sich dafür. Schließlich hatte ich ein Schädeltrauma. Aber sollte ich jemals einen Vertrag unterschreiben, insbesondere wenn es um irgendwelche Versprechungen geht, werde ich das niemals tun.

Letztendlich ist das mein Leben.

Autobiografie

Biljana Popovic wurde in München geboren. Schon als Kind las sie viele Bücher und interessierte sich für Geschichten. Erst als sie anfing, diese aufzuschreiben, entdeckte sie die Komplexität der „Was wäre, wenn"-Welt und was sich noch alles dahinter verbergen könnte. „Cube – Wanderer des Sandkorns" ist ihr viertes Werk. Es handelt sich wie ihre anderen bisher erschienenen Bücher um ein fiktives Werk.

Biljana Popovics Bücher sollen die Fantasie der Leser anregen. Ihre Inspirationsquellen sind die Natur, ihre Familie, zahlreiche Hobbys und viele Reisen.

Sie wohnt mit ihrer Familie in Ingolstadt.

Danksagung

Ich bedanke mich herzlich beim Rediroma-Verlag für die Entstehung dieses Büchleins und die tolle Begleitung während des gesamten kreativen Prozesses. Danke an meine Kinder, die mir immer bei Entscheidungen helfen. Ein großes Dankeschön auch an meine Familie, Freunde und meine Social-Media-Community, die mir stets mit Rat zur Seite stehen. Und einen besonderen Dank widme ich all meinen Lesern. Ihr macht meine Geschichten erst vollständig.

Außerdem von Biljana Popovic erschienen

Die Traumsammlerin

Hundert Leben